ちっちゃな科学

好奇心がおおきくなる読書&教育論

かこさとし+福岡伸一
Kako Satoshi / Fukuoka Shinichi

Chuko Shinsho La Clef
551

中央公論新社

はじめに

大切なことは「小自然」で学んだ

福岡伸一

人生で大事なことは、昆虫から学んだ

私は生まれながらの昆虫少年でした。男の子は、虫や星、化石の方に行くナチュラリスト系と、鉄道、ロボット、飛行機、ラジオの方に行くメカ系に、早い段階で分化してしまうと思います。その意味でかこさとしさんは後者ですね。

私はまごうことなくナチュラリスト志向でした。なぜそうなったのかは今となってはよくわかりません。たぶん、あの鮮やかな色彩と奇抜なフォルムにすっかり感応してしまったのでしょう。実際、たとえばカラスアゲハの漆黒の翅《はね》に散らばった青や緑の輝点を見ると、ため息がでるほど美しいのです。まるで強いブランデーの香りを嗅いだときのような、鼻の奥へと抜ける陶酔を感じます。

野山を飛んでいる蝶を捕まえて標本を作ろうとすると残念なことがあります。鱗粉が剝げていたり、尾がちょっとちぎれていたりするのです。私は完全無欠の標本が作りたかった。どうすればよいか。蝶を最初から飼育するのです。私はミカンや山椒の葉を探

して、アゲハチョウの卵や幼虫を集めました。それを育てます。幼虫は食欲旺盛なのですぐに葉っぱがなくなります。私は近所のどこの垣根にどの葉があるかほとんど把握していて、いつもくすねていました。ある日とうとう見つかって怒鳴られました。一目散に逃げ帰りましたが家にはお腹をすかせた子どもたちが待っています。しかたがないので母に事情を話し、一緒に山椒の垣根の家に謝罪と改めて依頼をしに行ってもらいました。以降、公認で葉っぱをもらえるようになりました。母はだいぶん前に亡くなりましたが、いまでも感謝しております。

ちなみに幼虫は食欲旺盛ながら、種によって特定の葉っぱしか食べません。アゲハなら山椒かミカン、キアゲハならパセリ、ジャコウアゲハはウマノスズクサ。つまり有限の資源を棲み分けているのです。この点で、なんでもかんでも貪りくってしまうエリック・カールの『はらぺこあおむし』（偕成社）は絵本としてはすばらしいのですが、ちょっと食べ過ぎなのではないかと思います。卵、各段階の幼虫（これを一齢幼虫などと呼びます）、蛹《さなぎ》、蝶。各プロセスで驚くべきメタモルフォーゼス（変化《へんげ》）があります。私は魅了されました。特にすばらしいのは、蝶が蛹から出てくるシーンです。それはだいたい早朝に起こります。蛹の背が裂けて、そこからクシャクシャに濡れそぼった蝶が必死に這い出してくるのです（これを羽化といいます）。みるみるうちに翅がのび、みごとなアゲハチョウが完成します。アゲハチョウはゆっくり翅を開閉しながら飛び立つ準備をします。まるで息を整えているように見えます（昆虫は肺がありませんからこれはあくまで比喩ですが）。

まったく残酷なことですが、このとき蝶をつまみ上げ、人差し指と親指で蝶の胸を圧迫して、殺してしまいます（翅に触れないように気をつけねばなりません）。こうすると生まれたばかりの、傷ひとつない蝶の標本が作れるのです。完璧な蝶の標本ができるかわりに、私の指先には生命を消した痛みがいつまでも残ります。今でも残っています。

蝶の飼育は、しかし、うまく行かないこともたくさんあります。あるとき、蛹の中からプチプチプチプチと変な音が聞こえてきました。蛹の中で幼虫が蝶に変化する生物学的なプロセスはいまだに完全には解明されていませんが、いくら劇的な変化が起こっているとはいえ、こんな音が聞こえてきたのは初めてでした。そして蝶は一向に蛹から出てくる気配がありません。普通、蛹の内部で蝶が形作られていくと、だんだん蛹の殻が薄くなり、半透明になって蝶の翅の文様が透けて見えてくるのですが、それもありません。

突然、謎が解けました。蛹に小さな穴がいくつも開いて、そこから小さなハエか蜂のようなものが次々と飛び出してきたのです。寄生昆虫です。後になって知ったことですが、野生の蝶や蛾のかなりのパーセンテージが、これら寄生バエ、寄生蜂の餌食になっているのです。ハエや蜂は幼虫に卵を産みつけ、それが幼虫を生かさず殺さず、ゆっくりと内部で成長していくのです。これがほんとうのエイリアンです。私は心底、ぞっとしました。同時に、このせめぎ合いこそが自然そのものでもあったのです。

私自身の失敗も多々ありました。幼虫が飼育箱から逃げ出して大騒動になったことがあります（蛹になる安全な場所を探すため、しばしば幼虫は食草を離れます）。大切に育てていた蛹を間違って、手のひらの下で潰してしまったこともありました。ゼリーのようなどろりとした臭い溶液が蛹から漏れだしました。

最悪なのは、標本作りの段階でミスを犯してしまうことです。卵から育て上げた完璧な蝶。これを展翅台という枠組みに展開して乾燥させ、均整のとれた標本を作製します。これは器用さと集中力と注意深さが求められる作業です。しかしそれゆえに取り返しのつかない失敗が起こることもあります。針先がうっかり翅を傷つけてしまったり、指先が触れて優美な触角がはらりと折れてしまったりするのです。もう取り返しがつきません。そんな時はほんとうに泣きたくなりました。実際、号泣したことも何度もあります。いままで積み上げてきたものが一瞬で終わりです。そんな時は、すべてのものを木っ端微塵にしたくなるような、そんな絶望的衝動にかられました。

つまり、蝶や虫を見つけるためには、調べる・行ってみる・探す・いない・落胆する・ふいに出会う・捕まえそこねる・また調べなおす、という試行錯誤を繰り返さざるをえません。これは、後に生物学を学び、研究するようになってからのプロセスとまったく同じでした。つまり私は人生にとって必要なことはすべて虫から学びました。そういってていいのです。

蝶、顕微鏡、17世紀、レーウェンフック、デルフト、フェルメール

実際の友だちがおらず、虫しか友だちがいない息子を心配してくれたのでしょうか、

あるとき両親が顕微鏡を買ってくれました。顕微鏡といっても教育用の普及品です。それでも100倍ほどの倍率があり、ミクロの小宇宙の扉を開いてくれました。顕微鏡で、蝶の翅を覗くと、小さな色とりどりのモザイクタイルを秩序正しく敷き詰めたような構造をしています。調べるとそれは鱗粉というもので、魚のウロコと同じものだと書いてあります。顕微鏡によって私の孤独癖はますます奥の細道へと入っていってしまいました。オタク心は何かを知ると、その源流を辿らなくてはすまない気持ちを呼び起こします。そしてまたその流れがどのように海につながっているのか、河口を見とどけたいという気持ちにもさせます。

私はこのすばらしい顕微鏡という装置をいったいいつどこの誰が発明したのか、それを知りたいと思いました。当時はもちろんネットもウィキペディアもありません。小学生の私は、虫の虫であると同時に本の虫でもありましたから近くの公立図書館の書庫に通いつめて、川の源流、つまり顕微鏡の文化史を一生懸命調べました。そして17世紀のオランダの小都市デルフトで生まれたアントニ・レーウェンフックの存在を知ったのです。まったく独自の方法で、現在の顕微鏡とは似ても似つかない装置を作り、そこに球

福岡氏のフェルメール論
『フェルメール　光の王国』
（木楽舎）

形のシングルレンズをはめ込んで、手当たり次第いろいろなものを観察しました。その結果、細胞、水中の微生物、赤血球・白血球を次々と人類史上初めて発見したのです。あげくには自分の精液まで調べて生命の種子としての精子までも見つけてしまいました。レーウェンフックはアマチュアの科学者でした。自分の興味の赴くまま自由に世界を探究したのです。私はその点がとても気に入りました。私もこんな人になりたい。科学者を目指したのもこれがきっかけでした。

レーウェンフックのことを調べていくと、彼が生まれた年と同じ１６３２年、同じ都市デルフトの、ほんの眼と鼻の先にもう一人、後にある意味ではレーウェンフックよりもずっとずっと有名になった人がいたことを知りました。画家のヨハネス・フェルメールです。その時は虫に夢中だったので、それほどフェルメールには関心をもちませんでしたが、後に科学者の卵となったあと、ニューヨークで研究修行をしているとき、個人美術館フリック・コレクションで偶然、本物のフェルメール作品「兵士と笑う女」と出会いました。私は稲妻に打たれたようなショックを受けました。その正確さ、清明さ、公平さに一瞬にして魅了されたのです。フェルメールの中には科学者的なマインドがある。そう思いました。ここから私は今度はフェルメールオタクとなって、巡礼の旅に出発することになります。

その話はとりあえずおくとして、蝶、顕微鏡、17世紀、レーウェンフック、デルフト、フェルメールというように、川を辿って行くと私の目の前に次々と新しい扉が展開し、そこへ行かないと見えない風景が遠望できることになったのです。

かこさとしさんが描き出すオタク的世界

このような心象風景をもっとも巧みに描き出した絵本がかこさんの『かわ』(福音館書店)ではないかと思います。お話は、山の雪が解けて流れ出し、雨と一緒になってささやかな流れをつくるところから始まります。流れは岩から染み出す湧き水を集め、滝となり、谷川となってけわしい山肌を下ります。ダムがあり、発電所があり、やがて平野に出た川は、少しずつ川幅を広げて村や田んぼを潤《うるお》します。そして、大きな街の間を抜け、広い海へと出ていきます。

ここに描かれるのは、源流から河口に至る川の一生です。絵は空から下界を見下ろすような構図で、川のまわりには豆粒のような人や家々が見えます。特定の部分が強調されることなく、川を中心とした世界がゆったりと鳥瞰《ちょうかん》されています。かこさんが描き出す世界は、オタク的な私の気持ちにフィットするものでした。

私はこの絵本に、自分と似たこだわりの跡を見つけました。絵本というのはたいてい、1ページまたは見開きの中で一つの絵が完結しています。しかし、『かわ』の中の川は、常に左ページから右のページに向かって流れ、ちょうど地図帳がそうであるように、ページをめくっても、同じ位置から流れ始めるのです。松林や田んぼといった周囲の風景も、次のページの端とぴったり整合します。まるで絵巻物のように、世界がひとつながりのものとして描かれる。読者はその流れに乗って、安心して空間と時間を旅することができます。

河口の街にプロペラの付いた飛行機が飛んでいるからでしょうか、私はなんとなくこの川を、多摩川だと思ってきました。最後のページを埋めるのは、太平洋を思わせる広々とした海のブルーです。

“小自然”に気づこう

その多摩川の源流・秩父山地はいまはだいぶ観光地化されましたけれど、あの辺のふもとは典型的な里山です。そこからちょっと足を伸ばすと私が育った東京・練馬がありますが、練馬は当時、畑と森がけっこうあって、それらと街との境界に虫がたくさんいました。

いま私が昆虫採集を体験した場所は、さま変わりして都市化してしまいました。でも、こんな東京にいても、私はしばしば蝶が飛んでいるのを見ています。「キアゲハが飛んでいるな」と気づくのです。ということは、どこかごく身近なところにそのアゲハチョウが食べられる植物があるわけですよね。それは皇居かもしれないし、新宿御苑かもしれないし、神宮の森かもしれない。どこかに人間と自然との境界がある限り、そこで生き物が育まれるのです。

そういう意味で、本書に収めた私との対談の中でかこさんがおっしゃった「小自然」という言葉は、とてもヒントになると思います。

自然というのは、なにも〝大自然〟じゃなくても良いのです。都会の中の公園であっても〝小自然〟はたくさんあります。そういった場所を維持していこうとする努力が大切です。

そのためには、〝小自然〟に気づくようになることが大事なことです。漠然と見ていても虫は見えてきません。でもちょっと目を凝らせば、あるいは耳を澄ませば、動物や植物、虫たちの活動というのが、見えてきたり、聞こえてきたりします。自然は、「ここが自然だよ」と教えられるものじゃなくて、自分で「見えない自然」を見つけていかなくてはいけないものだと思っています。

私は、そうした行為を「スモール・サイエンス」と名付けました。「スモール・サイエンス」とは、まだそれほど成果が上がっておらず、大きな発見も出ていないけれど、独自の方法やオリジナルな問題設定を含む、小規模な個人研究のことを意味しますが、小さな子どもたちがてんでばらばらに繰り広げる「個人研究」だって、「ちっちゃな科学」（スモール・サイエンス）として大事に育むべき芽だと思うのです。

かこ作品の
『地球』（福音館書店）には
里山が描かれている

●▲■

かこさとしさんとこうしてとうとう一緒に本を作ることができるなんて、想像だにしていませんでした。『かわ』を初めて読んだのは小学生の頃です。こんなうれしいことはありません。夢がかなうとはこういうことをいうのでしょう。ここまで導いてくれたのもかこさんのおかげです。どうもありがとうございました。

目次

2章　〈対談〉好奇心は無限大！

Ⅱ部 科学絵本が子どもを伸ばす

5章 子どもたちと科学よみもの

6章

マップラバーの読書とマップヘイターの読書 福岡伸一 159

ちっちゃな科学

好奇心がおおきくなる読書&教育論

I部

「センス・オブ・ワンダー」を育てよう

1章

戦争の「死に残り」の僕が、
世界の端っこにぽつんといる子どもさんに
伝えたいこと

かこさとし

かこさんは100万部を超えるベストセラーになった
「だるまちゃんシリーズ」(福音館書店)をはじめ、
『からすのパンやさん』(偕成社)
『どろぼうがっこう』(同)などなど、
これまで手掛けてきた絵本は600冊にのぼります。
今も次々と新作を生み出す、そのエネルギーのみなもとは
どこにあるのでしょう?

子どものための仕事を半世紀以上続けて

88歳になった今年（2014年）、『未来のだるまちゃんへ』（文藝春秋）という自伝を出しました。自伝なんて偉そうでお恥ずかしいのですが、僕は持病を四つばかり抱えていましてね。四つのなかにはがんもありまして、何とかごまかしごまかし毎日を過ごしているものの、いつまでも生きているんじゃ化け物ですから（笑）。今のうちにこれまでの人生を整理しておくのもいいかな、と考えたのです。

本には、福井県の武生《たけふ》（現・越前市）で過ごした子ども時代のことから、いかにして絵本作家になり、現在に至るかを記しています。僕は大学の工学部を出て、47歳で退職するまで化学工業会社の研究者でもありました。いわば児童の教育や発達についてはズブの素人にもかかわらず、半世紀以上も子どもに関わる仕事を続けてきたのはなぜか。

そこには、昭和20年の敗戦が大きく影響しています。飛行機が大好きだった僕は、中学2年生のときに「軍人の学校へ行って飛行機乗りになろう」と決めました。それからは、飛行機乗りに必要な数学や理科は勉強したけれど、それ以外の国語や歴史など覚えたって仕方がない、と切り捨ててしまった。

しかし、戦っている相手の歴史や自分の国の社会情勢をわきまえていなければ、本当の意味で正しい判断はできないものです。人として成長するためにも、得意な分野だけでなく、自分の欠点を補うような勉強が必要だった。19歳で敗戦の日を迎えた僕は、すべてを失い、途方に暮れてしまいました。

僕は近視が進んで軍人になれなかったけれど、同級生の多くは出征したまま帰らなかったのです。彼らのほうがよほど優秀で、これからの日本に必要な人間だったのに、落ちこぼれの僕はおめおめと生き残った。――というより、だらしなく恥ずかしい「死に残り」に思えました。

論文の下書きから生まれた『どろぼうがっこう』

大学に戻ったものの、何をしていいかわからず空虚な毎日を過ごしていたとき、たま

かこさんのアトリエ

1章
戦争の「死に残り」の僕が、

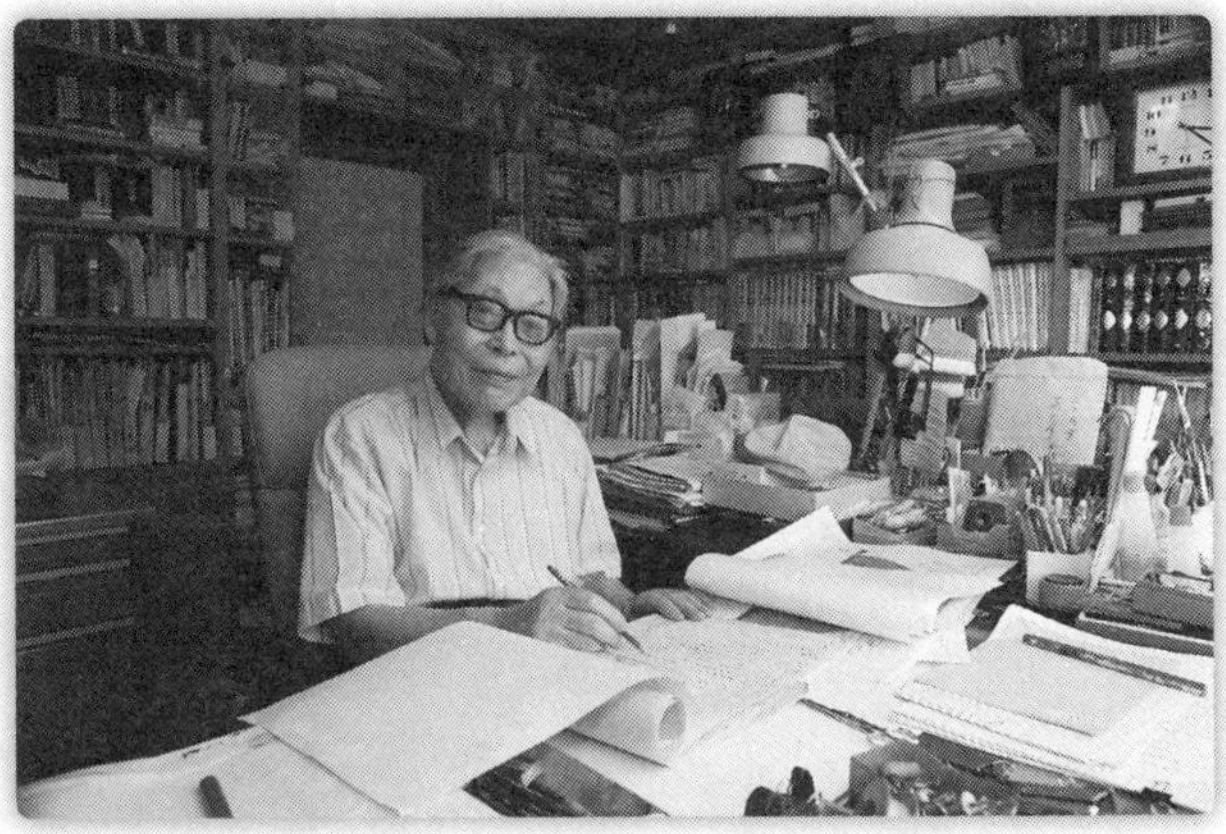

たま目にしたのが「演劇研究会」の貼り紙です。工学部の僕は表舞台には立てず、装置や小道具を作ったりする雑用係。絵を描けるということで舞台美術もやりました。

その研究会で3ヶ月にいっぺんくらい地方公演に行くのですが、準備をしているとき最初に駆けつけるのは、近所の子どもたち。大はしゃぎして道具を壊されても困るので、ちょっとしたお遊戯で手なずけようと考えました。子どもさんというのは正直だから、面白かったら素直に喜ぶけれど、つまらなかったら容赦しない。終戦を境に、言うことや態度を一八〇度変えるような大人の世界に辟易していた僕は、率直で嘘のない子どもたちの反応に、すっかり魅せられてしまったのです。

大学を卒業し、会社勤めをしながらも、僕はセツルメント活動を通じて、子どもさんたちとじっくり付き合うようになりました。セツルメントというのは、ボランティアで子どもに勉強を教えたり、医療相談や法律相談をする組織です。

人形劇もやりましたが、僕がおもに手がけたのは紙芝居。紙芝居も、最初はアンデルセンやグリム童話をきれいな絵にして上演していたけれど、僕が活動していた川崎や大井町あたりの工業地帯のハナタレ坊主は、「お姫様と王子様が」なんて話にはすぐに飽

『どろぼうがっこう』と『からすのパンやさん』

きていなくなっちゃう。それだけならまだしも、しばらくして「もう終わった？」なんて戻ってくるんですから（笑）。仕事の合間に一所懸命、絵を描き準備していった僕としちゃあ、がっくりですよ。

だけどあるとき、あまりに忙しくて、論文の下書きの紙に墨一色だけで描いた紙芝居が、意外にも大好評でね。「もういっぺんやって！」と何度もせがまれました。それが後に絵本にもなった『どろぼうがっこう』です。『からすのパンやさん』も、最初は紙芝居として、子どもさんの率直な反応を見ながら生まれてきた作品でした。

僕は子どものことがもっと知りたくて、

教育学や発達心理学の専門書をずいぶん読みましたが、どれも抽象論ばかりで役に立たなかった。僕にいろいろなことを教えてくれたのは、目の前の子どもさんたち。川崎や大井町のハナタレたちが先生だったのです。

トンボが好きな子もいれば、ダンゴムシに夢中な子も

僕がもっとも興味を引かれたのは、子どもが関心を持ち、向かっていく対象がきわめて多様なことでした。ひとくちに「昆虫が好き」と言っても、トンボが好きな子もいれば、バッタやコガネムシに夢中な子もいる。女の子だって、ダンゴムシが「ころころしていて可愛い」と言ったりね。

「子どもはみんなカブトムシが好きだろう」というのは、大人の浅はかな考えです。どんなに立派なカブトムシやクワガタを用意したって、アリが好きな子はその辺を歩いているアリを見る。ダンゴムシを100匹集めたから、学校で100点もらえるわけじゃないのに（笑）、夢中になってつかまえる。それが本当にその子の「やりたいこと」で

あり、そこにこそ子どもの「個性」が表れるのです。

僕の絵本でも、『からすのパンやさん』では見開きいっぱいに、いろいろなパンを描いたり、お客のからすを一羽一羽描き分けたりしています。同じように見えて少しずつ違うことが肝心で、「多様である」というのは、この社会の特徴でもあるからです。そんな理屈がわからなくても、絵本の読み聞かせをしたとき、子どもが一つ一つパンを指さして喜んでいた様子を、覚えていらっしゃるお母さんも多いのではないでしょうか。

僕自身が繰り返し「大勢」を描くのは、自分が世界の中心だとはとても思えないからです。この世界は多様であり、自分はどこか端っこにいる。でも、「端っこでも世界の中なんだ」と言いたいのだと思います。

子どもが自分の興味の対象を深めていくと、子ども向けの図鑑などはたちまちに読み尽くし、もっと詳しい世界を知りたいと願うものです。しかしその先は難しい大人の専門書しかない。僕は絵本作りをするなかで、そうやって興味の対象を追いかけるうちに、ぽつんと世界の端っこへ出てしまった子どもさんの姿を思い浮かべるようになりました。

そこから生まれたのが、たとえば『かわ』『宇宙――そのひろがりをしろう』（ともに福音館書店）といった科学絵本や、『うつくしい絵』（偕成社）などの知識絵本です。子どもが「これが好きだ」と思う対象を通して、自分が生きている世界の成り立ちを知る。その理解の輪を広げてあげたいと、さまざまな専門家の先生に取材をして、300あまりの対象を絵本にしてきました。その絵本をきっかけに、「大学で学ぶ分野を決めた」という方もいて、本当に嬉しいことです。もっともっと、いろんな分野の端っこにいる子どもたちに向けて絵本を作らなくちゃと思うのですが——仕事が遅くて、申しわけないことですね。

自分の身体、能力に合った生活が大事

この年齢になるまで現役で仕事を続けてこられたのは、一つには、胃腸だけは丈夫だったから。戦後の食糧難にも、その辺の食べられる雑草はすべて食べて生き延びました。今も散歩中に「この草はエグいからダメだな」「これは3回ゆでこぼせば平気だ」なんて考えながら、歩いています。次に食糧難が来たときも、僕だけは生き残る自信がある

な。（笑）

もう一つが、北陸の穏やかな自然に囲まれて育った子ども時代にあるでしょう。子どもの成育には、猛獣の棲むジャングルのような大自然はいらない。トンボやオタマジャクシなど、子どもの相手になってくれる生き物がいる「小自然」こそが必要だと僕は考えています。

小自然の中にも危険はあります。川でも深みに入れば溺れるし、そもそも泳げないうちは川に近づかないことです。これを健康問題に結びつけますと、自分の身体、自分の能力に合った生活が大事ということになる。内臓が弱い人が食べ過ぎてはいけないし、腰が悪いのに無理して歩いてもしょうがない。「自分はビリの力しかないな」と思えば、ビリでもいいから、ひっくり返らない程度の力でがんばればいいのです。

そして病気になったら、いいお医者さんを選ぶこと。僕の持病の一つは緑内障ですが、30年以上前にその徴候を見つけ、適切な治療を行ってくれた先生に心から感謝しています。僕にとって日本一の先生だから、自分も日本一の患者になろうと思いましてね。緑内障に関する文献は海外のものも含めてほとんど読み、自分が気をつけるべきことは何でも守りました。現在では左眼は見えず、右眼の視野も手のひら大くらいしかありません。それでも視力があるというのは、いい先生と出会い、いい患者であろうとしたおかげだと僕は考えています。

残された時間でどうしても書きたいテーマ

とはいえ片眼が見えませんので、物を立体的に見ることができない。昔の記憶で何とかごまかしていますが……。ちゃんとしたプロの絵描きさんだって両眼で描いていらっしゃるのだから、僕のような素人が単眼でやってちゃ申しわけない。それで5年前から、基本的に絵の仕事はお断りしています。

僕は会社員と二足のわらじをはいていた頃から、締め切りの1週間前には仕事を終えるようにしていました。締め切りぎりぎりでは、急に出張が入ったときなどに対応できないですからね。その延長線で、余命いくばくもない現在も（笑）、「この続編を描きなさい」と出版社さんに言われた絵本の仕事は、数年前に仕上げてお渡ししてあります。

道具は身近なものをリサイクルして使うのがかこさん流

描きたい絵もいっぱいあるけれど、絶対的な時間が足りない。僕にはまだ、どうしても自分でまとめたい本が数十冊あるのです。そのうちの一冊は原稿用紙1000枚になる予定で、700枚までたどりつきました。内容は……企業秘密でございます。(笑)

戦争のことも、もちろん書きたいテーマです。今年(2014年)は第一次世界大戦勃発から100年ですが、この年月、世界で銃声が途絶えた日はありません。世の中には偉い学者さんも優秀な専門家も大勢いるのに、なぜ戦争が起きる前に止める方法が見つからないのでしょう。戦争がいかに悲惨かを伝える本はありますが、悲惨な戦争を始める前に何とか収める方法を、僕自身も知りたいと思うのです。

昭和20年、僕は戦争で死ぬはずだった生命を残してもらった。自分の判断力のなさと勉強不足を猛烈に反省し、次の世代を生きる子どもさんたちが、僕と同じ過ちを二度と繰り返さないように、自分の「余命」を使おうと考えました。

子どもさんには、僕のように誤った判断をしないよう、広い視野を持ち、自分の頭で考えて行動できる、真の賢さを身につけてほしい。そう考えて600冊以上の本を作り続けてきました。社会もどんどん豊かになり、僕の予想では、ピカピカの賢い子どもさ

んが世の中にいっぱいあふれているはずだったのだけど——どうもまだ、そうはなっていないようですね。（笑）

これはまだまだ、自分の努力が足りんのだと、老いの身を叱咤激励して、これからも仕事を続けていきたいと考えています。

かこ作品の言葉①

人間が親からさずけられた
「生命の設計書」には、
40億年の生物の歴史と
先祖のとくちょうがきざまれています。
そこには生物が経験した世界とともに、
さらにこれからの変化や
発展する余地もが、
ちゃんとたくわえられています。

（『人間』福音館書店）

2章

〈対談〉

好奇心は無限大！

かこさとし

＋

福岡伸一

かこさんが力を入れているのが
子どもの好奇心を引き出す科学絵本というジャンルです。
緻密でリアルな作風が子どもの心をとらえています。
かこさんの科学絵本の大ファン、福岡ハカセ。
福岡ハカセの深い洞察力から生まれる独自の生命観が、
大きな反響を呼んでいます。
大人になった今もつきることのない好奇心にあふれる福岡ハカセが、
ＮＨＫのテレビ番組「好奇心は無限大！〜絵本作家からのメッセージ」＊で、
かこさんとの対談に挑みました。

＊この章は同番組（２０１０年12月17日放送）をもとに一部再構成しています。

「かこさんの絵本の中でも特に私が好きなのは、科学絵本というジャンルです。たとえば『ほねは　おれます　くだけます』（童心社）は素朴ですが、細部は正確。たとえば骨の成長の様子が1歳、3歳、6歳、13歳と描かれています。かこさん独特の科学絵本はどのようにつくられているのでしょうか。かこさんのアトリエを訪ね、対談に臨みました」（福岡）

好奇心をそそるもの

かこ　ようこそ、遠いところへ。

福岡　よろしくお願いします。この対談では、子どもたちのもつ好奇心がテーマ。いったい好奇心ってなんなの？　なぜ好奇心が必要なの？　どうやって好奇心を育めばいいの？　そういうことを考えていきたいと思います。

私が最初にかこさんの作品にふれたのは、小学校の時に読んだ『かわ』でした。

かこ　何十年前のことでしたか、実は恥ずかしいことに表紙の案として最初に描いたのは、私の二人の娘でした。当時、同じくらいの年頃だったのです。

でもやはり「男の子がいなくちゃ」ということで、片方を男の子に変えました。（笑）

福岡　なるほど、面白いエピソードですね。

『かわ』は川の一生がぴったりページごとにつながるように描かれています。一切省略なく、源流から河口まで川の流れをずっと描いています。『かわ』を読む子どもたちは、知らず知らずのうちに川の流れを追うわけですが、このような本をどういう思いでお書きになったのですか？

かこ　農村を知らない、都会しか知らない子に対して、農村というのはこう

いうところだよ、ということを伝えるために、都会にある河口をさかのぼっていくというかたちで描いたのです。

　自然そのままをパッと描くのではなくて、整理をしながらもいろんな要素があって、人が川の流れとともに生活をしている、そこを見てほしかったのです。

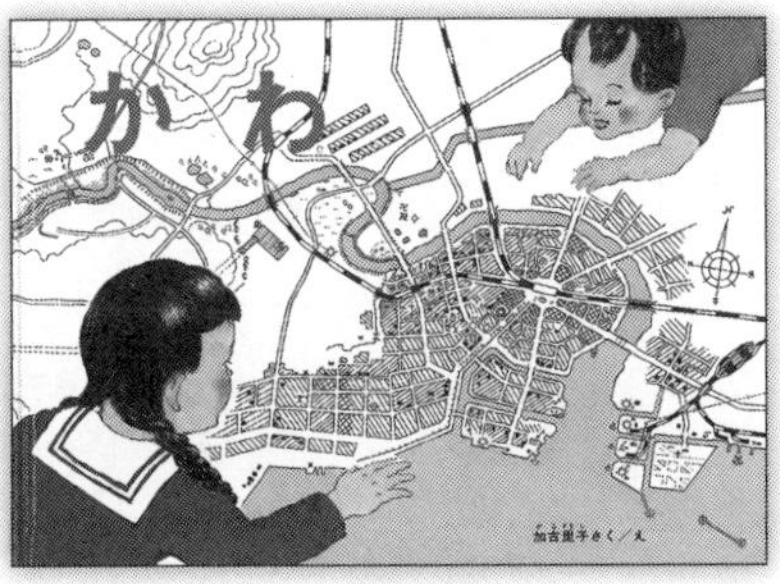

『かわ』のページをつなげると、
源流から河口までつながっている

福岡　たんに川が流れているだけではなく、読者が自分の好きなポイントを選んで楽しめるようになっていますね。かこさんの本にはさりげなく、しかし川をめぐるさまざまな細部が描かれています。私はこれを「隠し絵」と呼んでいます。
　下流にいくとたくさんの隠し絵が

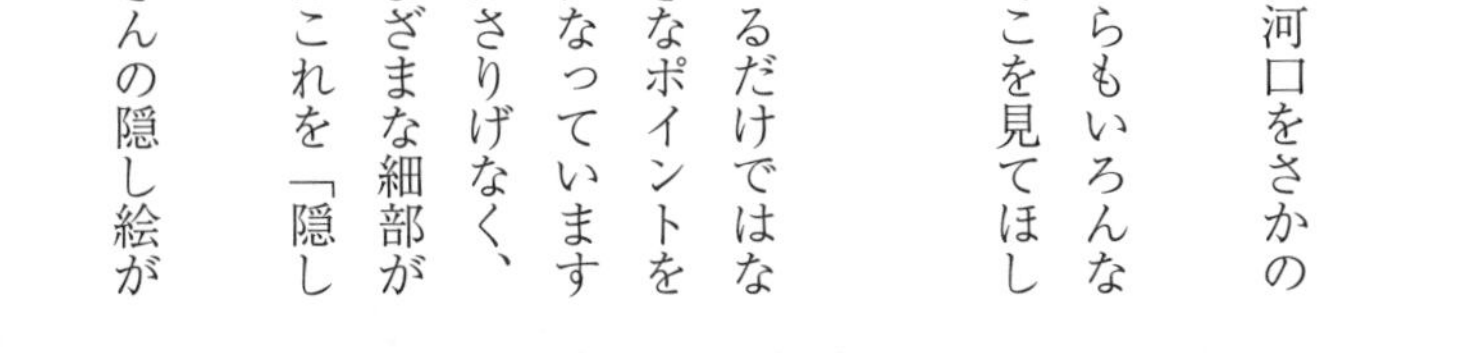

描かれています。畑が少なくなって、川幅が広くなり、人が増えていきます。番組でご一緒した中嶋朋子さんはお相撲をしていたり、ピクニックをしていたりする人たちに注目しました。

私が気になるのは、橋の上から川を覗き込んでいる子どもたち。水草や魚が見えているのかもしれませんね。これらは、いわば「萌えポイント」です。いろんな人にとっての「萌え」が仕組まれているのです。これがかこさんの絵本の「隠し味」なのです。

かこさんの絵は、ひとつひとつのエピソードがデフォルメされることなく、ある意味で公平にフラットに扱われていますよね。いわば5万分の1の地図をただただ見ているような感じに襲われます。

でも、少年にとってはそれがいちばん大事で、そこから自分で物語をつくり始められるし、自分で想像力をはばたかせられるわけです。しかも、それを押し付けがましく迫っているわけではない、そういう端正さ、つつましさが『かわ』にはあって、今にして思うとそれが気に入った理由だと思うのです。

「萌えポイント」がもりだくさん（『かわ』より）

かこ　恐れ入ります。感じ方は個々の子どもさんによって違ってくる、それがまたいいところです。それぞれの子どもさんが違う要素で感じとって、それで伸びていく、それがとても大事です。

ミクロの世界にいく顕微鏡的な目、あるいは天体望遠鏡的な目

福岡　かこさんの魅力の秘密はもうひとつあると思います。子どもというのは目に見えないものを見極めようとして、どんどん追求していきますよね。かこ作品はその好奇心にこたえようとなさっています。

たとえば『小さな小さなせかい』（偕成社）はミクロへの旅ですよね。また、『宇宙』では最初、ノミの視点から描かれていますが、ミクロの世界から一転、マクロの世界までかこさんの好奇心は広がっていきます。視界は銀河系の果てまで広がっているのです。

宇宙の話がノミの視点から始まる
(『宇宙』より)

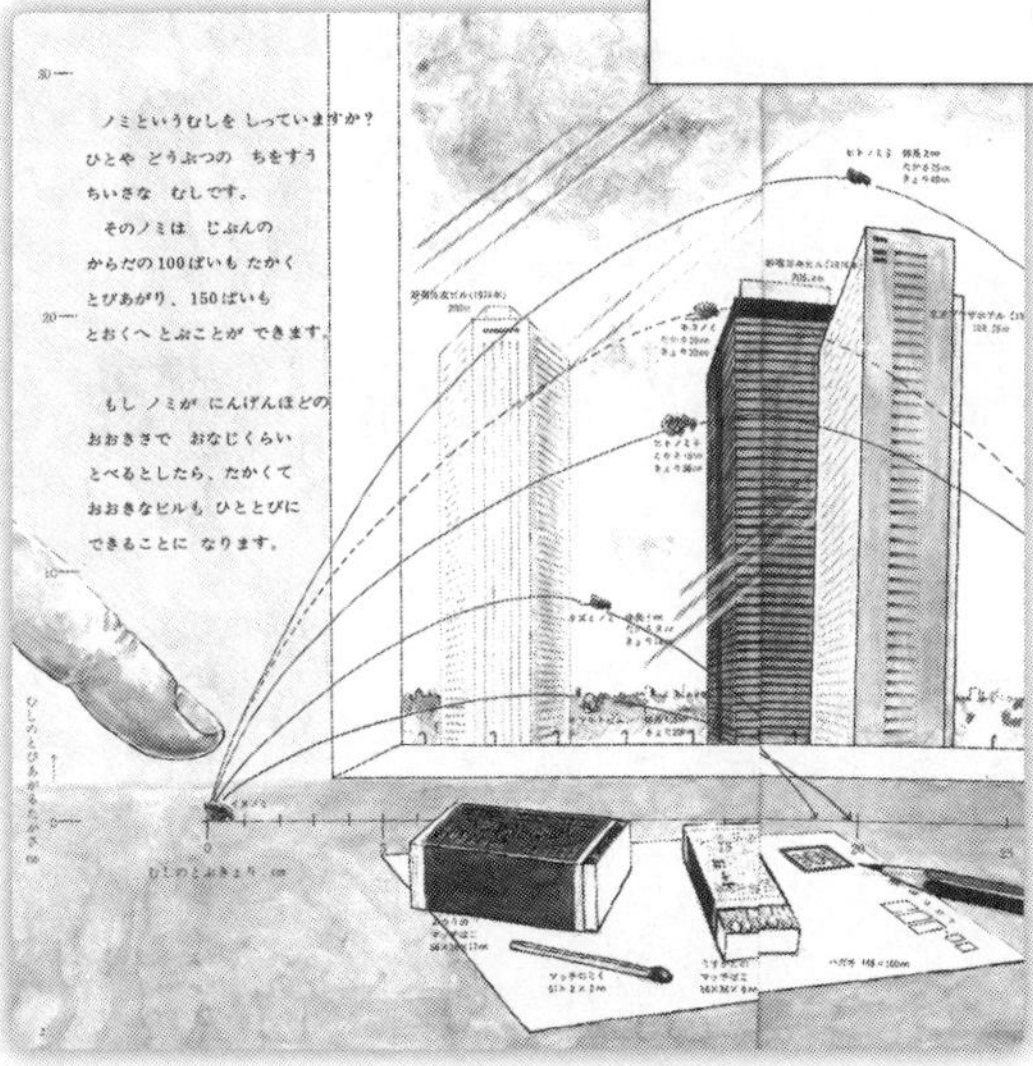

ここでは実は、終点と始点というものについて、縮尺を導入して始点を定めたうえで物語が進んでいきます。

そういうのがかこさんご自身にとっても、好ましいあり方なのでしょうか。

かこ ええ。スタートがきちっとしてなくて、（注・手を顎《あご》のあたりに掲げながら）ここらへんから宇宙なのか、それとも（注・手を頭上に伸ばして）このへんから宇宙なのか。学問的な定義があるそうですが、子どもさんにとっては、定義は難しくてあまりわからないだろうから、広くいえば（注・手を顎のあたりに戻して）ここだって宇宙の底の底、始まりと言ってもいいだろう、と。物語が後に続くように、伏線としてちりばめるために最初にノミを持ってきたのです。

福岡 最初の視点をどこまでも見極めたいというのが、すなわち「好奇心」だと思うのです。それから、その行き着く先をどこまでも追いかけたいのが、すなわち「想像力」だと思うのですよね。

かこ　宇宙ももっと先があるんじゃないか、そういう世界を考えるのが子どもさんの好奇心でもあるし、これから伸びていく人たちの力なのではないかと考えています。

福岡　その通りですね。

かこ先生の『小さな小さなせかい』は、「ヒトから原子・クォーク・量子宇宙まで」というサブタイトルがついていますが、印象的なのは黒い線がページの下部に描かれて「このほそ長いものは？」とクイズ形式になっているページです。この線は次のページの上部で拡大されて、髪の毛の一部だと種明かしをしています。

　この髪の毛の拡大図のページには、ゾウリムシとかアメーバも一緒に描かれていま

『小さな小さなせかい』

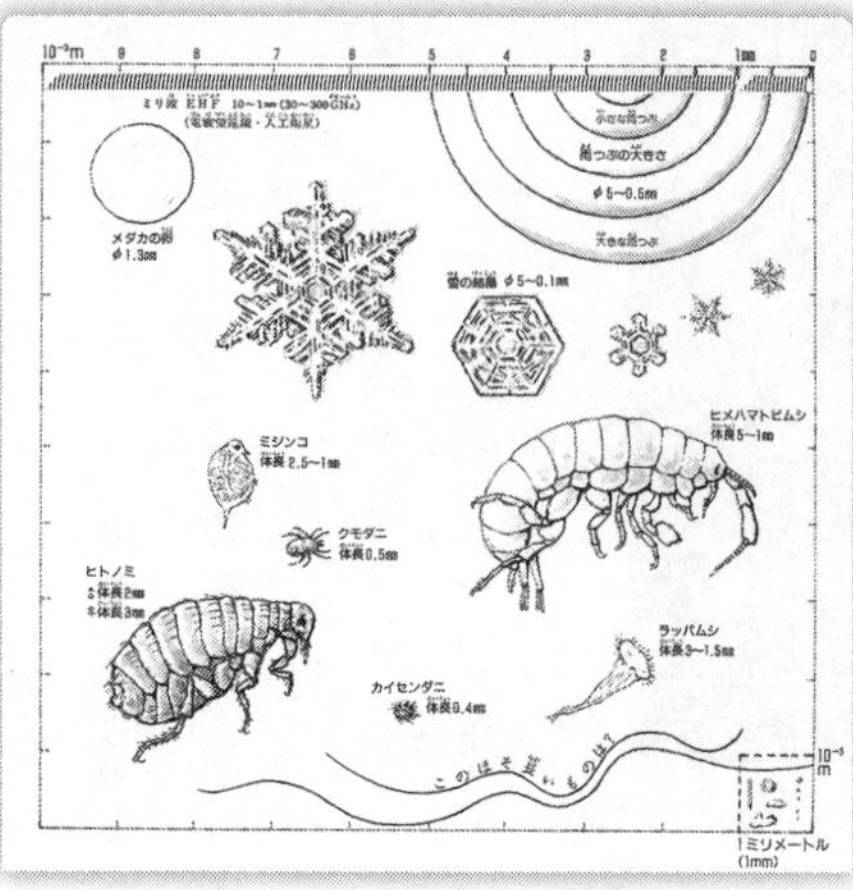

『小さな小さなせかい』より

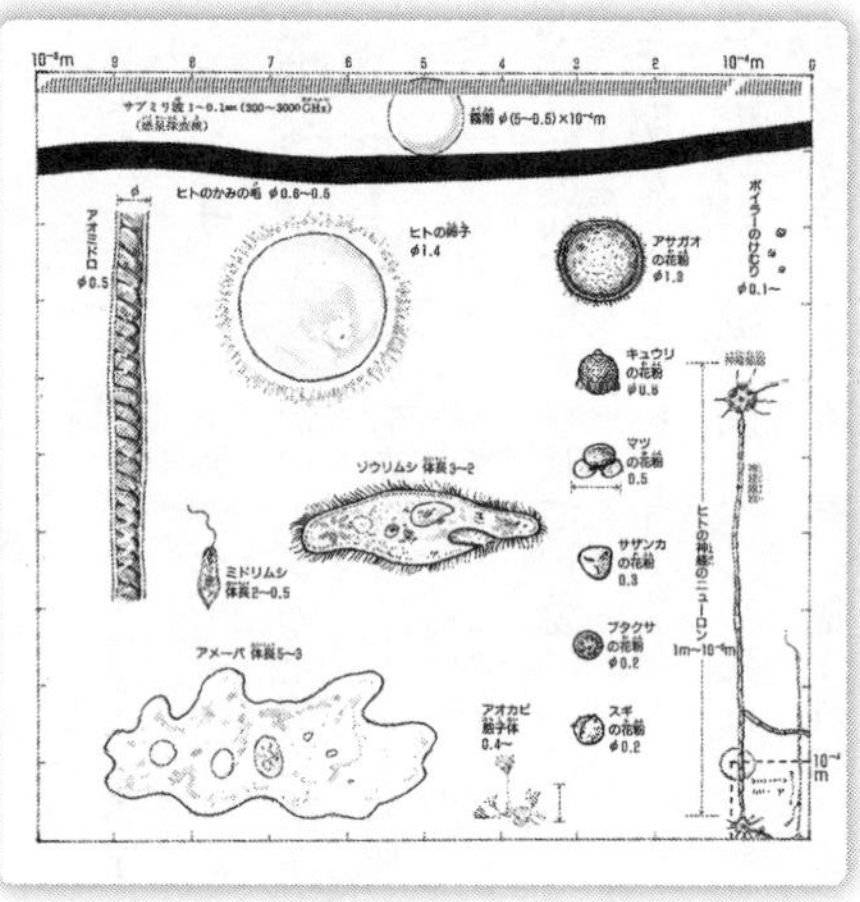

す。さらに次のページで、ヒトの染色体や細胞の中のミクロの世界へと入っていきます。やがて原子よりもさらに小さいクォークの世界、人間が知りうるいちばん小さなところまで描ききっているのです。

一歩一歩ステップを踏んで世界が広がっていくというのは、非常に好ましい構成であり、記述の仕方だなと思います。ある意味で「辛気臭い」と思う人がいるかもしれませんが、科学少年にとっては、これほど心地よい世界の展開の仕方はないんですよね。

真の賢さとは？

福岡　知的な欲求を満たしてくれるものを探して、少年少女は右往左往するわけですけれども……。

かこ　そういう子どもさんのね、興味の赴くままに追求していく姿勢というのを育てることがとても大事。その先にある「真の賢さ」を自覚しながら勉学に励むのが一番よい方法。

外からものすごくいい先生を招いたり、いい学校に入ったりすれば子どもが伸びるかというとそういうわけではありません。本人の学ぼう、追求しようという意欲が唯一と言っていいほど大事。ぜひ意欲をもった子どもさんになっていただきたい。そういう賢い子どもさんになってもらわないと、未来が開けないんじゃないかと思っています。

福岡 かこさんの本の魅力は、あたかも写真で撮ったようなタッチでありながら、写真ではなく絵として描いているところにあると思います。

かこさんの本を読んでみるとわかるのですが、意外と余白、なにもかいていない空白の部分がたくさんあるのです。それは何かと考えますと、そこは子どもたちが想像力を広げるための「伸びしろ」であり余白なんですね。そこで想像力がはばたいていく、そういうために余白が残されている。それが写真と違って、あえて絵で描く良さだと思います。
かこさんご自身が子どもの目をお持ちで、そのフィルターを通して世界が描かれている、そういうことなのではないかと思います。

「小自然」があればいい

福岡　かこさんは大正15年、福井県越前市（旧・今立郡国高村）でお生まれになり、8歳までその地で過ごされました。少年時代は自然の中で遊びに明け暮れたそうですね。かこさんの最初の好奇心は、どこから出発していると思いますか？

かこ　そうですね。それはトンボですね。いろんなものに触発されたんですけれども、トンボは鳥類とちがって小さいのに、飛び方も非常にユニークなんですよね。

福岡　空中でヘリコプターみたいに、ホバリングもしますね。

かこ　はい。薄い翅なのにちゃんと飛ぶ。その秘密は薄い翅の翅脈《しみゃく》（昆虫の翅に見られる分岐した脈）ですね。子ども心になにかここに秘密がありそうだなと思いまして、バカですねぇ、ぜんぶ描き写して迷路遊びをしました。一筆書きでいけるのかどうか、と。

あとで考えると、いい線をいっていました（笑）。トンボは翅脈を折りたたんだり伸ばしたりして、最適なかたちをつくって飛んでいるのだそうです。

福岡　翅脈が一筋になっていないと、圧力が均等にならないのですよね。

かこ　子どもの幼稚な考えであっても、後から思うとそこに好奇心の出発点があったのだと思います。

そういうことからいうと、すべての子どもさんには非常にいい線を追求しようという「タネ」があるんじゃないかと思います。

福岡　「現代の子どもたちは都市生活で自然を失ってしまった」というふうに言われることがしばしばありますね。

私が大切にしている言葉のひとつに「センス・オブ・ワンダー（Sense of Wonder）」というものがありまして、これは『沈黙の春』を書いたレイチェル・カーソンの言葉です。かこさんも「センス・オブ・ワンダー」、つまり自然と触れて子どもも心に養われた感覚とか直感の大切さなどを感じていらっしゃると思うのですが、いかがでしょうか。

かこ　僕はまわりの自然、小自然でいいと思うのです。ジャングルみたいな大自然でなくていい。小自然というのは、たとえば街路樹の下の雑草でも、立派な観察ができますよ。「都会で自然とふれあえない」なんていうのは、観察力がなえた大人のいいわけであって、子どもたちはどこそこの並木の下にはカタバミがあって、こちらにはタンポポがあって、タンポポは西洋タンポポで……というふうに観察を深めることができるのです。だから、小自然でいいのです。小自然のところで外遊びをすればいいのです。

福岡　それはまさにその通りですね。都市化された今日にあっても、目を向ける、注意をする、立ち止まる、耳をすますということにより、さまざまな小自然がいっぱいあることが見いだせます。

よく「子どもが理科離れをしていますが、どう思われますか?」という質問を受けるのですが、子どもたちが理科離れしている最大の理由は、「大人が理科離れしている」からだと思うのですよね。

かこさんがおっしゃった「小自然」を私は「スモール・サイエンス」と呼んでいるのですが、ちょっと外に出てみると自然がたくさんあるわけです。それに気付くためには、ほんのちょっとの好奇心があればいいのです。

今や都市の中には、「海の幸」「山の幸」じゃなくて、いわば「都市の幸」を求めてさまざまな自然が入り込んでいます。都会のマンションにハトが寄ってくるのも、ハトにとってはマンションが岩山に見えているからなのでしょう。もともと岩に巣をつくっていたハトが都会に入り込んでくる。ちょっとしたところに植物があるけれども、それを求めてある種の昆虫が寄ってくる。いくらでも気付くことができる。そういうところから出発すればいいのですよね。

子どもは放っておいてもそういうところに気が付ける。そのもっとも鋭い感性は、3~10歳くらいの「クリティカル・ピリオド」にあって、そこが大事なところではないかと思います。

かこ　そうですね。

生物は静止していない、動いている

――創作活動を続けて50年、かこさんは絵本のテーマを求めて世界各地を歩いてきました。創作に専念して以来、訪ねた国は25ケ国にのぼります。20年前に訪れた万里の長城、この壮大なテーマをいつの日か作品にしたいと考えてきました。かたちになったのが2011年に刊行された『万里の長城』（福音館書店）です。

この作品は意外なところから物語が始まります。

地球が誕生し、大陸と海が現在のすがたになり、壁が作られるまでの46億年という時の流れを感じてもらおうとしています。かこさんが意識しているのは時間という概念。科学の未来を切り開くカギを時間が握っていると考えています。

ビッグバンが起きてからの地球の歴史、生命の歴史から説き起こされます。好奇心がかこさんの中で次々と湧き起こっているようです。

かこ　時間というのがひとつのエネルギーみたいなものだから、生物がこれからどうなるかということを解明するために、この先の問題は「時間を解明できる能力」を人間が十分にもたないと、思考がそこで止まってしまうのではないかと思っています。

福岡　時間の問題というのは、これまで生物学がきちんと扱えなかった問題です。生物というのは絶え間なく動いていて、同じような繰り返しに見えるかもしれないけれども、実は一回として同じことが起こらず、常に流れているものですよね。それをとらえようとすると、必ず時間を止めて、その断面を見ないと見えないんですよね。そうして私たちは顕微鏡とか分子生物学とかを使って対象を見てきたわけで、いろんなことがわかったつもりになっています。

しかし、そのとき時間は止まっているし、細胞はいわば「死んでいる」状態です。そこで記述された因果関係はそのまま生物を説くものではなくて、微分的な一断面にすぎないのです。本当は絶え間なく流れているものを、流れているままに記述する方法はなかなかありません。それがどこへいくのか見極める方法もなかなかない。

いまかこさんがおっしゃったことは、今後の生物学に課せられた大きな問題提起なんですよ。

『万里の長城』

かこ　時間の問題をどう考えるか、アインシュタインの世界を乗り越える観点は何か、ということですね。

福岡　はい、量子論的な世界を乗り越えることですね。

かこ　そこのところ、子どもさんにも理解の輪に入れる作品ができたら、先生にもお目にかけたいと思います。そのためには、まだちょっと勉強が足りません。（笑）

好奇心の先にあるもの

――福井の地を離れたかこさんは青春時代を東京で過ごします。戦争を支持する世論が高まる中で、航空士官になりたいという夢を抱いていました。しかし、視力が及ばず断念。研究者として国に仕えたいと、昭和20年、東京大学工学部に進学します。戦況が悪化するなか、多くの友人が戦地で命を落としました。
終戦後、かこさんは自らの判断が正しかったのか、思い悩むようになります。
なぜ、時代の流れを疑うことができなかったのか、いまも自らに問い続けています。

かこ　中学2年の時に軍人になろうと自分でひそかに決めて、間違った独断でした。これは親のせいでも先生のせいでもない、自分で決めたのです。
それは間違いだった。戦争に向けていたエネルギーを正しい方向で使えば、もっと平和に楽しく暮らせるはずだったのに……。判断力がなかった。僕も含めて悲しい、恥ずかしい限りです。幼い時にちゃんとした判断が自分でできる力をつけておいてあげないといけない。それを痛感したのです。それが原点です。

福岡　かつて軍人をめざしたということは今回、はじめてお聞きしました。かこさんは、好奇心の先にあるものを語っていらっしゃると思います。
つまり、子どもは好奇心から出発して想像力をふくらませていくわけですが、やはり「良い子でいたい」とか、「お母さんの期待に応えたい」とか、「お父さんの跡を継ぎたい」とか、あるいは「役に立ちたい」と思っていく。

かこさんはトンボの美しさにあこがれて、飛行機はなぜ飛ぶのかという興味、その先に不可避的に「お国のために役に立ちたい」というものがあったと思うのですね。

これは難しいですが、やはり大人の役割が大切だと思います。

そして、好奇心、知的であるというのは、ある意味で疑えること、懐疑心がそこから育まれていくと思います。本当にこの道でいいのか、という懐疑も好奇心の先に、子どもたちの中に育まれていけばいいのではないかと思いました。

かこ作品の言葉②

この広く大きな宇宙はいったいどこまで続いているのでしょう。
そして、その果てはどうなっているのでしょうか？

この大きな宇宙は人間が働いたり考えたり楽しんだりするところです。
この広い宇宙があなたの活躍するところです。
では宇宙の果てからお別れします。さようなら！

（『宇宙』福音館書店）

3章

科学的センスの育て方
20問40答

かこさとし
+
福岡伸一

前半では2章の対談に引き続き、
子どもたちの「好奇心」について、
そして後半では大人や社会にも大きな溝として横たわる
「文系」「理系」という、古くて新しい問題について、
一問一答形式で伺いました。
それぞれの回答の共通する点、違う点、ご賞味ください。

【子ども編】「センス・オブ・ワンダー」を育もう

Q1　少年時代の自然とのふれあいの原体験（宝物のような体験）を教えてください。どこで何にときめいた記憶が最も印象に残っていますか？

A1〔かこ〕　恥ずかしいことに、幼児少年時代、子ども向けの本や雑誌はもとより、大人向けの教養書等も一冊たりとない非文化的な家に育ったので、野山や小川での外遊びで遭遇する昆虫、小魚、野鳥との接触、生態観察、さてはチガヤ、野イチゴ、桑の実の摂食などの体験、知見、悦楽や満足が、私の唯一の宝となりました。

絵本や雑誌など文化財に接しなかった。負け惜しみで「自然という大図書館から学んだ」と言ってきました。

A1［福岡］　拙著『生物と無生物のあいだ』（講談社現代新書）のエピローグにも書きましたが、アオスジアゲハとトカゲの思い出です。クスノキを回ってアオスジアゲハの蛹を集め、カゴに入れ羽化するのを楽しみにしていたのですが、あろうことかそのまま忘れてしまいました。何ヶ月かたってからはっと思い出し、こわごわカゴを覗いてみると、完全な姿のアオスジアゲハがそのまま折り重なって乾燥していました。その青は透き通るほど青く、まるで生きているようでした。

一方、あるときトカゲの卵を草むらで見つけ、持ち帰って箱に入れ、孵化するのを楽しみに待っていました。しかし一向に生まれてきません。とうとう待ちきれずに卵の殻に小さな窓を開け、中を覗いてしまいました。そこにはトカゲの赤ちゃんがそっと眠っていました。しかし殻を開けたせいで、腐っていってしまったのでした。生命の美しさと脆弱さに気づいた瞬間であり、また自分が犯した罪の深さを知りました。

Q2　小中高の理科の授業はいかがでしたか？　授業、実験、観察、試験などで思い出があれば教えてください。また、自由研究の宿題の思い出はありますか？

A2［**かこ**］　小2のとき、東京に移住した最初の小学校は生徒が多いため、二部授業だったから、理科の時間は教科書による座学、小4のとき転校した新設校は、絵画音楽等情操新教育が盛んでしたが、理科教育は同じく座学のみでした。

この間、夏休み等の観察記録は「四季のクローバー」「すずめの飼育」「のきしのぶの生長」「ギンヤンマの体重」なんかをまとめて提出していました。

中学校では、一学期に数回、実験室での授業がありましたが、ほとんど教師による代表実験で、時間外に同好の級友と「写真現像」や「鉱石ラジオ」「模型グライダー」の製作実験を楽しんでいました。

高校では、戦時中のため、教師による代表実験のみで、開墾農作業や合宿時の気象天体観測が記憶に残っています。

A2［**福岡**］　小学校2年生の夏休み、私はアゲハチョウの観察記録を手書きして絵巻物にしたものを作りました。卵から幼虫、幼虫から蛹、蛹から蝶が生まれるまでを追ったものです。それをトイレットペーパーのようにぐるぐる巻いて、新学期の最初に担任の先生に提出しました。たぶんその時は、それが何であるのか先生もすぐにはわからなかったと思います。翌日、学校に行くと、私の細長い絵巻物の観察記録が、教室の廊下側の壁の高い場所に長々と貼りだされていました。私はたいへん誇らしい気持ちになりましたが、級友たちは皆、気持ち悪がるか、私を変な目で見ただけでした。

Q3　今の子どもたちは「デジタルネイティブ」と呼ばれ、生まれた時からIT環境の中で暮らしています。大人も子どももスマートフォンなしには生きていけない！観があります。こうした時代環境で子どもたちを育て、教育するに当たって、気を付けなければいけないことはありますか？

A3［かこ］　連絡交流や記録保存、目的とする事項をただちに探索解明して、時間労力の浪費を除くことができるのは、有効であるけれど、自己の単純な好みや流行分野のみに短絡偏向する傾向に落ち入り易く、隣接分野やより重要因子への配慮を欠くおそれがあります。また一途に目的の事蹟のみを知っただけで、考察や他との対比検討を失うこととなり易いのです。特に広範な事項の中からしぼりあげ、追究し、一応の結果が取得できても、それが広域の中でどんな存在意義と関連性、発展性を持っているかの視点にたつ検証が不可欠でしょう。従ってＩＴ時代環境の利便性の活用と共に、こうした広域への配慮、努力、実務によって狭隘に陥らぬよう留意すべきと考えます。

Ａ３［**福岡**］　現代の子どもたちは、生まれながらにしてインターネット環境にあり、指先のタップやスライドひとつであらゆる知識や画像、映像を得ることができます。ですから、苦労して虫の名前や姿かたちを調べた私の時代に比べて、格段にたくさんの情報にアクセスすることができるわけで、それは心底うらやましいことだと思えます。一方、バーチャルの世界では、私が体験したような指先の痛みや匂い、つぶだち、異音、損傷、肌触りなどのタンジブルな（実体的な）感覚体験が失われてしまっているかもしれません。

しかし私はこれについてそれほど心配していません。現代の子どもたちは現代の子どもたちなりに、このインターネット環境の中で適応し、彼ら彼女らの五感によって、私とは違うかたちで、痛みや匂い、つぶだち、異音、損傷、肌触りを感得しているに違いないのです。

第一、大人がこれだけネット環境を便利に使い、なかば依存している今日にあって、子どもにだけネット環境を禁じたり、ここから遠ざけることなど不可能ですし、またフェアな態度とも思われません。むしろ子ども時代からコンピュータやネットに親しみ、これを使いこなすことによってのみ、バーチャル世界の光と影、その功罪について体得できるようになると思います。もちろん、時に応じて、大人の目配りやガイダンスが必要だとは思いますが。

Q4 今の子どもたちに理科、科学に興味を持ってもらうには、学校や家庭でどんな工夫が必要だと思いますか？

A4［かこ］ 子どもに理科や科学へ興味を持つよう、親や教師が工夫するなら、何故そうしたことをしたいのか、親や教師自らがその理由や意図をしっかり樹立していなければなりません。単に進学、受験、就職に有利だからとか、自分がそうでなくて損をして来たとか、そんな脆弱な理由で、わざわざ好きでもないことを強いられるのでは、当人はたまったものでなく、結果も不首尾に終わるのがせいぜいとなります。だから工夫というか、方策の第一は指導者の理科や科学に対する見解、考えを明確にすること。

第二はその子の性向をよく観察し、少しでも理科や科学に向いている点があるなら、大いに賞揚、激励することで、もし適性でないなら、その子が好きな分野での将来性や発展面を否定ではなく、共に考え、その大成には科学的方法や理工的処理分析が必要なことを示し、当人が納得するのを待つことです。無理な強制や圧力でなく、行うのは本人の意志だからです。

A4［**福岡**］　子どもたちが「理科離れ」していると言われています。また、虫がさわれないとか、気持ち悪いという子どもも多いと聞きます。でも、私から見ると、その理由は明々白々です。大人たち自身が「理科離れ」しているからです。大人が、ゴキブリやクモをみたらすぐに叩き潰したり、殺虫剤を撒いたりするからです。もし大人がもっと自然に関心を示せば、子どもたちも気付くはずなのです。そこに精妙さや美しさやデザインの奇抜さがあることに。

Q5 男の子の好奇心と、女の子の好奇心には違いがあると思いますか？　違いがあるとすればそれぞれの好奇心を適切に伸ばす育児、教育法のヒントを教えてください。

A5［かこ］　一般的に男子は理工的な事項、女子は文芸的な事項に興味を持つといわれていますが、20年ほどの経験によれば、4歳の女児がダンゴムシに、7歳の男子が子ども新聞の編集製作に熱中していたり、２０００人の子どもの興味、好奇心は３００項目以上の分布分散を示しました。その違いは時代、地域、環境、家庭、学校教育等の影響のみでなく主として子どもの個性差にもとづくと思われました。例えば男子はカブトムシを全員好きなのではなく、トンボからゴキブリに至る見事な分散をし、その分野は10歳頃の日本の子では、恐らく1000近い項目に散開していると推定しています。この好奇心に応える深い内容で理解できる説明指導示唆の本や実務が要望され、そうした専門家が最低1000人必要なのだと考えています。

A5【福岡】 女の子ではないので女の子のことはわかりませんが、男の子の好奇心と女の子の好奇心が生得的に異なっているとは私は思いません。昔から、虫愛づる姫君だってちゃんといたではないですか。最初に好きなものに出会い、それがずっと好きであり続けること（あるいはそれを応援してあげる環境を与えること）が大切だと思います。

Q6 先生ご自身の子育てについて教えてください。お子さんのセンス・オブ・ワンダー（好奇心）を育むために、父親として気を付けたことはありますか？　あるいは、その反省から世のお父さんたちに向けてアドバイスがあればお願いします。

A6［かこ］　私の二児は娘だったのと、週日は忠実な会社員、休日は子ども会に関わっていたから、家庭での指導はすべて女房まかせで、一切口出ししなかったのに、長女は文芸好きの世話好きで体育不可、次女は虫やプラナリア（ヒルと同じ扁形動物。切り刻んでも再生することで有名）を飼うおてんばで体育委員という正反対な性格で、長女は母校の英語教師、次女は医師となって、何かと老父母の世話をしてくれています。子ども会の子らからは、児童書にない子どもの実態を私が教示されただけで、指導や訓育など一切したことがなかったので、残念ながら他のお役に立つようなことは一つもありません。あるとすれば勤め人として全力を週日に注ぎ、休日の子どもたちと、同憂同志となって遊んでいたことで、通常の父親の一人でした。

A6［福岡］　大人が、子どもにセンス・オブ・ワンダーを植えつけることはできないと思っています。センス・オブ・ワンダーは自分自身で自発的に気付かないとほんとうに驚く《ワンダー》ことになりませんし、そこに喜びも湧き上がってきません。

ただ、大人がセンス・オブ・ワンダーにつながる小路の入り口に子どもをいざなってあげることはできるでしょう（入り口から先に進むかどうかは本人にかかっていますが、いろんな入り口があることをのぞき見するのは良いことです）。

私の両親は、私が昆虫に夢中になっているとき、顕微鏡を買ってくれました。それは安物の教育用のものでしたが、目の前にミクロな小宇宙につながる扉を開いてくれました。これは直接、生物学への道を示してくれました。そして顕微鏡の歴史を調べることになって、後に、フェルメールの存在を知り、私をフェルメールオタクにしてしまいました。

また、大人が趣味にしていることに、子どもを誘ってあげることも大切です。釣りに連れて行くとか、山登りに行くとか、美術展に出かけるとかです。

ただし、この場合、親―子、学校の先生―生徒、という垂直の関係よりも、親戚のおじさんとか、近所のお兄さんといった「斜めの関係」の誰かが声をかけてくれるとよいかもしれません。垂直の関係には、どうしても力関係の上下が働いてしまいます。やらせる・やらされる関係です。センス・オブ・ワンダーは自発性の産物です。斜めの関係ですと、そこに自ずと双方にリスペクトと適正な距離が生じます。子どもは子ども扱いされたくないのです。

その点で、私にとって理想の大人は童話の主人公「ドリトル先生」です。ある日、スタビンズ少年はドリトル先生と出会い、先生の助手として入門を果たします。ドリトル先生は、スタビンズ君を決して子ども扱いしません。トミーとか坊やとか呼ぶことは決してなく、いつも苗字で呼んでくれます。スタビンズ君（ミスター・スタビンズ）と。スタビンズ君はこれをとても好ましく感じます。そして学ぶことへの意欲を掻き立てられました。

福岡ハカセ訳
『ドリトル先生航海記』

Q7 魚にさわれないとか、虫が気持ち悪い、動物が怖いという人は案外多いようですが、そんな大人でも子どもに自然の魅力を伝えることはできますか？ また子どもが生き物嫌いを克服するような方法はありますか？

A7［かこ］ 昆虫の写真が恐いとか嫌だという子や、夕食に目玉のついた魚があると食べられないとかいう話を聞くと、結構なお育ちだなとうらやみます。刺身より、鯛や鮭の頭をせせるのが好物な自らの境遇を喜んでいいのか途惑う始末。人間という多情多感な生物だから、嫌だ、恐い、気持ち悪いと思うのは、自由で何の問題もありません。自己保全、自衛本能から、害毒、汚染、悪疫を回避、遠ざけるのは当然で、単に虫や魚に止まるのではなく、真に避けるべき巨大な悪や禍を見間違わないようにしていれば問題はありません。

そうした場合当然、その対極の好き、嬉しい良い気持ちとなる対象があるはずで、その理由を確かめ、延長し、発展拡大してゆけば、地球生物の共生や共活、相互支援、競合進歩の姿にゆきつくことでしょう。好きな、心地よいものがあるのが、生きている喜び、生きる力となることを伝えれば充分と思います。

A7［福岡］ たしかにゴキブリを愛でることはむずかしいかもしれません。でも、じっくり彼らの姿を見ると実に優美な曲線で構成されていることがわかります。アップルコンピュータのマウスのデザインより優美です。たとえば草むらの虫の声を聞き分けたり、水の中をのぞいて小魚の群れを見つけたり、あるいは星を見上げて星座を探したりすることを大人が誘えば、子どもたちもそこに存在するセンス・オブ・ワンダーに耳を澄ませるようになるはずです。

なにも大自然に触れる体験がなくてもいいのです。ほんのささやかな小自然を見つけるだけでいいのです。中国に「馬を水辺に連れて行くことはできても、水を飲ませることはできない」ということわざがあるそうです。たしかに、大人ができることは子どもを水辺に連れて行くところまでです。しかし、それがすべての出発点になると思います。そこから先は子ども自身が探求をはじめます。実際に私がそうでした。

Q8 動物園、水族館、博物館、プラネタリウムといった施設はいま、さまざまな工夫を凝らしており、入場者の満足度も高まっているようです。これらの施設で、先生ならではのとっておきの楽しみ方があれば是非教えてください。

A8【かこ】　動物園、水族館、博物館、プラネタリウムなどの施設では、参観者のためにさまざまな工夫や催しを行い、成果をあげているのは、関係者の英知と努力の賜として有難いことと思う次第。しかし参観者の評判を得ようとするあまり、いわゆる見世物や興行におちいる傾向がなしとしません。基本的にはこの際、もう一度原点に戻って、こうした園や館の意義を確かめる必要があるのではないでしょうか。自然な生息状態でない場所で飼育、展示するだけで大きな意味があるのだから、殊更変わった状況を作らなくても充分であり、ただ外形外観だけを見せるのではなく、一般人が知らない、気付かぬ点を各場面1〜2点明示するのでよいのではないでしょうか。長い説明や詳細は別な方法にゆずり、一般の参観者に、重要な、特筆すべき、人間人類との関係上、大事な項目を明示する。要するに館や園の今日的な視点、哲学を、一般人に理解できるよう示すことを期待しています。

A8【福岡】　『海のおばけオーリー』（マリー・ホール・エッツ作、石井桃子訳、岩波書店）という絵本が小さい頃の愛読書でした。舞台はアメリカ。ボストン近郊の浜辺で、お母さんアザラシと赤ちゃんアザラシが2頭で仲良く暮らしていました。ところが、お母さんがちょっと魚を探しにいっている間に人間が通りかかり、赤ちゃんアザラシは捕らえられてしまいました。そして、汽車に積み込まれシカゴ水族館に売りとばされてしまうのです。赤ちゃんアザラシはオーリーと名付けられ、心優しい飼育係によって育てられます。しかし母と故郷から遠く引き離されたオーリーはだんだん弱っていきます。可哀相に思った飼育係はある夜、そっとオーリーを水族館の端の岸辺から、ミシガン湖に逃がします。

『海のおばけオーリー』

次の日から、あたりの湖畔で正体不明の生き物の目撃情報が相次ぎます。次第に話は大きくなり、とうとう一大怪物騒動に発展します。新聞が連日書き立てます。巨大な恐竜やサメに似た姿、はたまたカエルの化け物のような絵が紙面をにぎわします。

その正体がオーリーだと直感した飼育係は闇夜、口笛でオーリーを岸辺に呼び寄せ、早くここから離れて海を目指せと告げます。オーリーの懸命の旅が始まります。ミシガン湖はヒューロン湖に、ヒューロン湖はエリー湖に、エリー湖はオンタリオ湖につながっています。そこから先は長いセントローレンス川。川は海につながっています。とうとうオーリーは大西洋にたどり着きます。そして懐かしい海岸に戻り、母との再会を果たします。

なんとすばらしいストーリーでしょう。私の想像は五大湖を駆け巡り、その地理を完全に自家薬籠中のものとしました。

長じて、私はアメリカで研究生活をするようになります。

あるとき私は念願かなってシカゴ水族館を訪問しました。私は勇んで館内に入り、あちこちを駆け回りましたが、どこにもオーリーの面影はありません。インフォメーションカウンターにいた人も、あのすばらしいオーリーの冒険物語を全く知りません。なにぶん古い童話です。

がっかりした私は、暗い館内をあてどもなく回りました。ふと気が付くと大きな広い展示室に来ていました。見上げると目の前に水槽があり、その水槽いっぱいに巨大な茶色い異形のものが沈んでいました。アザラシではありません。1メートルはあろうかというカミツキガメ（北米から中南米に生息する淡水性のカメ。雑食かつ気性が荒く、日本で「特定外来生物」に指定されている）でした。カメはギザギザが波打つ強固な甲羅を背負い、三角形の顔は見るからに凶暴な容貌をしていました。

しかし彼には全く動きがありません。丸い眼はうつろな灰色をしており、汚れたガラス玉をはめ込んだように無機質でした。見えているのか見えていないのかすらわからない。鉤型の嘴がついた口はわずかに開かれていたが息の気配も水の出入りもない。固い鎧のような鱗が張りついた手足もだらりと弛緩したまま。生きている手がかりがどこにもありません。

解説の英文を苦労しながら読みました。要点はこうです。このカメは餌をとるとき以外ほとんど運動しない。ただ、約1時間に1回だけ呼吸のために水面に浮上する。1時間に1回！　全く動きのないこの巨大なカメは一体どのように呼吸するのか、その瞬間を見届けたかった。私は時計を見ました。前回、こいつが浮上したのは何分前のことだったろう。もし幸運なら、少し待てば1時間に1回のショーを見ることができるかもしれない。私は待ちました。カメは微動だにしない。辺りには座る場所もない。水槽の前に立ち尽くしたまま、30分が経過しました。カメはなおも全く動く気配がありません。何人かの入館者がカメを見て叫び、早口の英語で何かを言い合い、次いで私を見てその場を立ち去りました。私は動かず待ちます。カメも動きません。そのうち放送が流れてきました。「あと15分で閉館です」。ひょっとしておまえはすでに死んでいるのか。あるいは1時間に1回というのは嘘かもしれない。閉館時間が迫ります。私はあきらめかけました。

その時でした。カメはその巨体をゆらーり、と横に揺らしてからすーと浮き上がりました。その軽やかさに目を見張った瞬間、カメは三角形の鼻の先をほんの少しだけ水面から出して空気を吸った。ずずずずずずずず。その音は、分厚いガラスを通してはっきりとこちらにまで聞こえ、誰もいない部屋の中に響き渡りました。次の瞬間、水中を落下する巨石のように、カメは左右に揺れながら音もなくゆっくりと底まで沈み、そして甲羅を横たえて動きを止めたのでした。

帰路、ふと考えました。あのカメはいつから水族館にいるのだろう。ひょっとして彼ならオーリーのことを知っていたかもしれないと。

【大人・社会編】 理系と文系についてのQ&A

Q9 先生ご自身は文系でしょうか？ 理系でしょうか？

A9［かこ］ 私は旧制高校の理科甲類出身ですから、理系となるでしょうか。しかしその後工学部に学んだいわゆる3Kの、キツイ、キタナイ、キケンな仕事に携わり、幸か不幸かそれが性に合っている困った人間です。一般には嫌がる3Kの仕事を、「楽に、きれいに、安全に」できるようにするのを、喜びとしてきた者で、そのためには経済や法令、美術、医療、心理等の知識や実務が必要であった「工系」のはしくれです。恐縮千万。

A9［福岡］ 学歴・研究歴からすると生物学を専攻してきたので理系です。ただし、現在は、理系と文系が融合した領域（青山学院大学総合文化政策学部）というところに籍をおいています。

Q10 文系と理系は生まれつき決まっているのでしょうか？

A10［かこ］ 人間は地球生物の進化途上、500万年ほどかかって出現した社会的哺乳類の一種で、二足歩行、手指の活用、大脳の発達から、文化や科学技術、文明を蓄積し、複雑な社会を作り60億人をこえる大集団を形成してきましたが、その人間を、単純に文理二系で分けるのは、土台無理な話。日本では未だにABOの血液型や、誕生月の星占いで、性格や人生を示そうとするのと同様なのでしょうか。

同じ両親からの出生でも、遺伝やDNAの変異があり、風土環境、社会環境により変化変転、超越するのが人間という生物の特長ゆえハナから決まっていることなどないと思われます。

A10［**福岡**］　生まれつきということが、遺伝的に決定されている、ということだとすれば、もちろん決まっていません。私たちヒトの遺伝子は少なくとも数百万年の時の試練の中で進化してきたものですが、日本の理系・文系というくくりは高々、明治維新以降、ここ100年ほどのあいだに急造された教育上の枠組みにすぎません。

Q11　文系と理系というように、世界を二つに分けて理解することに利点があるのでしょうか？　あるとすれば、それは何だと考えられるでしょうか？

A11［**かこ**］　前記した如く旧制高校では生徒を文・理の二系に分け、さらに甲（英語）、乙（ドイツ語）、丙（フランス語）の専修により、教育指導していました。その名残というか影響が残っているのだと思われますが、旧制の大学では文系から法、経、文、教の学部へ、理系から理、工、農、医の学部へと、さらに分散、混在してゆくのが常でした。しかし当時でもそれに捕らわれずに文系から医や理へ、理系から法、文に行く者が存在していたし、戦後は、専攻部門が学際的多様化と、現代社会の進捗性から、実用実務コースとなったため、文理二分法は、通俗な場での指標として用いられるのみに止まっていると思われます。そうした単純化が通用する状況下では可でしょう。

A11［**福岡**］　C・P・スノー（イギリスの物理学者・小説家）がかつて『二つの文化と科学革命』（みすず書房）の中で述べたとおり、学問世界を文系的知（The humanities）と理系的知（The sciences）に分断したことによって総合的な視点、統合的な思考が大きく損なわれたことはあっても、利点は何ひとつないと思います。

Q12　理系および理系教育の特徴とは何でしょうか？　あるいは現在の理系教育の問題点は何でしょうか？　少し詳しくご説明ください。

A12［**かこ**］　小中学校の理系教育を象徴するものとしては実験観察、実証試験、再現確認等が述べられますが、これらの意味するものは、大脳、つまり知識と共に、身体各部の実動作業、すなわち実践行為を行うことです。従ってＩＴ、人工頭脳、ロボット等を、代替駆使するも、最終の推進は人間の労働行為に依ります。一般の労働行為は負担や疲労のため、敬遠忌避され、労務者は貧困不遇者とする今なお残る偏見陋習を、お座なりの道徳、倫理の説教ではなく、物象の研究追究開拓の推進となる人間行動労働の高い意義を理科教育に添加すべきです。

さらに理科教育を受けた者が、その知見をもって追究する結果や目的は人間社会への貢献、未来社会への寄与ですから、この社会の認識と理解が必要となります。しかも社会とは定着固定されたものでなく、政治、経済、歴史、地勢等により変貌進展する柔構造体であることをわきまえておかねばなりません。

以上の労働と社会への理解努力が欠けていたと思います。

A12［福岡］　理系教育では理系的な思考法を学び、文系教育では文系的な思考法を学ぶわけですが、問題は互いに他を参照することが少ないことだと思います。

理系的な教育で有用なのは、①定性的でなく、定量的に考えること、②相関関係と因果関係の違いを明確に捉えること、③常に自己懐疑的であること、を思考法としてトレーニングされることだと思います。

①は、甘い、しょっぱいではなく、糖度あるいは塩分が何パーセント含まれているのかで論じること、あるいは十中八九、そうだといえても、それが統計学的に有意な差といえるのか、という視点をもつということです。

②は、連続放火事件の現場で必ず目撃された人物Aが放火犯だとはいえないこと、あるいはお茶どころの県でガンの発症率が低いからといって、お茶に制ガン作用があるとはいえないこと、そのような態度を身につけることです。

相関関係は世の中に山ほどあります。しかしそこに因果関係があるかどうかは、介入的な実験を行うしか立証するすべはありません。科学研究のほとんどはそのことに費やされていて、かつ多くの場合、有意な因果関係が立証できないのです。

③は、科学的であるとは、反証可能性があること、というカール・ポパーの言葉に尽きます。どのような科学的主張もあくまで仮説であり、反証されないかぎりにおいてのみ有効だということにすぎない。ほとんどの科学的主張は、やがて反証によって

葬られるか、あるいは修正されていきます。おのずと謙虚にならざるをえません。
しかし、このような思考のトレーニングは本来、文系・理系の区別なく行われるべきことだと思います。

Q13 少し前に「初の理系総理大臣誕生」などと騒がれたように、政界に理系出身者が少ないことは知られています。また、ジャーナリズムはほとんどが文系出身者でしょう。職種によって文系ばかり、理系ばかりに固まりがちのようです。STAP細胞をめぐる騒動も、文系・理系の埋めがたい溝を再認識する出来事でもありました。文系と理系が職種によって偏ってしまうことについて、どのように考えておられますか？

A13［**かこ**］ 19世紀の、日本では20世紀まで残っていた遅れた認識水準。A12で述べた如く、「理系」とは、各種の物象、器材、生物等の対象に、心身の労務行動をもって当たる者であり、「文系」とは法文、記録、言語、討論、折衝等によって社会機構や組織運営に当たる者の呼称でした。この両者は、本来それぞれの特長を以て互いに補い助けあってこそ、よき社会維持と未来開拓となるのに、そうでなかったから問題発生は当然でした。

「理系総理」以前に、東大では「理系総長」となると戦争が起こるというジンクスがありました。「文系総長」であれば、時の政府に、適切な進言・警告、援助を行っていたのに――というのが巷間のつぶやきでした。

こうした両者の孤立、乖離、反目が21世紀の、代表的学会や組織に温存、蠢動、横行しているのは、驚嘆、驚愕、狂喜の至りです。その解決はA14、A15で付言します。

A13［福岡］まず、日本の教育制度が、かなり早い段階で（中学や高校のレベルで）、文系向き、理系向きという区分を作って仕分けがなされてしまっていることは大いなる問題だと思っています。中学・高校レベルの数学や物理の成績や好悪だけで、若い知性の芽が摘み取られるのはたいへん不幸なことです。いわゆる文系学部の学生の中にも、理系的センスが優れている人をたくさん見かけますし、この逆もいえるでしょう。

たとえば私の専門分野の生物学では、特殊な領域をのぞいては高度な数学や物理の知識がどうしても必要な局面はそんなにありません。むしろトポロジカルなセンス（空間を把握する感覚）が求められる局面が多々あります。これはどちらかといえば、いわゆる文系的あるいは芸術系的センスかもしれません。たとえば今、細胞の断面を見ているとして、どの方向から見ているか、すぐに把握できる空間的な感覚を持てるか、ということです。いうなれば、キウイフルーツの断面を何通りか見て、種の配列や数が推察できるかといった能力です。

こういったセンスの善し悪しは、高校の進路分けでは到底ひっかかってきません。むしろ好きな分野にいくらでも進めること、後になっても進路変更が可能な自由度を保証することが、教育制度に求められると思われます。

そして高々、現在の日本の大学教育レベルを修了しているだけで（しかもかなりいい加減に）、出身学部の区分けをもとに自分は文系、自分は理系、というのはなかなかかきびしいというか、おこがましい主張だと思われます。

大学修了程度で学べることはたかが知れています。本来、誰もがすべてひととおり学んでおくべき基礎学力であると思います。それさえも日本の文系・理系制度のもとでは、片方の領域が互いに欠落しているわけなので、それは文系・理系と呼ぶべきものではなく、いずれかの領域を決定的に勉強不足の状態のまま社会に出ているということを表明しているにすぎません。

たとえば、私が研究留学していた米国の大学教育でも、もちろん学部や専攻という制度はありますが、分野をまたぐ複数の専攻を学ぶ学生も多く、本格的な文系・理系の専門教育は、大学院以降に深められていきます。

Q14 理系出身者の中には、「今の世の中は文系が主導していて不公平だ」という意見があると聞きます。こういった意見に対して、先生はどのようにお答えになりますか？

A14 ［かこ］ 前述の如く、理系・文系という呼称の、適正担当、職種の違いを、新聞社の編集組織を例にとれば、前者は地域で取材に当たる記者、後者はその記事を判別、整理、構成、発表するデスクとなりましょうか。この両者が、それぞれの担当に努力し、分を越えずに相助け合うとき、よき紙面となり読者に歓迎されることとなるのでしょう。

社会や業界世界等の実状実態を知らず、そうした機能のある者を登用、共営できぬ「理系総理」や「理系総長」を嘲笑し、文系をうらやむなら、文系者を凌駕する社会性や集団指導、統率力を自ら具備すればよいのです。それが出来ぬなら、愚痴をこぼす理系で終わるまでのこと。

A14 ［福岡］　その意見は、ありていにいうと、「今の世の中は圧倒的に勉強不足・基礎学力不足の人たちが主導していて恥ずかしい」といいなおすのが正当なところではないでしょうか。

私たちはもっと学びつづけなくてはならないと思います。

Q15　文系出身者はとかく科学的な言説に対して、「私は文系なので理解できない」と思考停止になってしまう風潮があるように思われます。これは文系と理系に分けられたことによって生じた弊害の一つだと考えられますが、どうしたらこのような事態を乗り越えることができるでしょうか？

A15［**かこ**］　人間の営む社会は、時代と共に複雑多様化し、地域や国境を越え、グローバル、多角化へ変化進展しています。従ってその社会に対応する人間の行動も労役も複雑、細分化され、詳細緻密、専門化し、新しい発見や論考により、古い学説が、一夜にしてくつがえることも稀ではありません。従って専門家はもちろん、常にその変化や進展に注意を払い、理解を怠らず、自らを鍛え磨くのを生きがいとするか、そんな面倒なことや思考配慮は放棄して、安穏無事にくらすのか、どちらを選ぶのかの自由と結果は当人に委ねられているのです。

A15［**福岡**］　先にも書きましたとおり、日本の大学教育程度の勉強だけで自分が文系である、理系であるというのは本来的におこがましいと思っています。つまり、「私は文系なので理解できない」という言い訳は、単に勉強不足であることを露呈しているだけです。たとえ文系学部で勉強したとしても最低限必要な基礎学力というものがあり、それが不十分であるというだけだと思います。こういうことをいうヒトは、では文系的知性があるのか、というとそれも不足しているのではないでしょうか。もちろん、「理系なので文系のことは理解できない」も同様です。

Q16 文系・理系の乖離が問題となり、両者を融合しなければならないとの声が上がるようになって、ずいぶん時間が経ちました。近年、一部の大学では「リベラル・アーツ」（教養教育）復活への取り組みも盛んになっているようです。にもかかわらず、文系・理系の融合は、なかなかうまくいっていないように見受けられます。それはなぜだと考えられますか？

A16［かこ］　小中学校の義務教育でも、勉学の成果は、指導教師や学校組織の良否以上に、当人の意欲と努力に関係していました。高校、大学となれば既に男女とも生物としては成熟した年齢を超え、往時の元服の歳を超えた「大人」です。大人とは自己の判断、見解、行動に責任をもち、社会の一員として参画協力する者で、複雑な社会であるから、習得研鑽に10年を加算し25歳まで勉学期としても、その成否は当人の姿勢如何に関わっています。学校当局の新規講義や融合課目の設置や、他学部はもちろん、他校の単位やボランティア活動も単位として認めるなど、時代に合う方途が講ぜられていますが、学生各自が、何をどう、何のために学習するのか、したいのかに問題があるのではないでしょうか。

A16［福岡］いきなり融合的なものにアプローチしようとするからでしょう。それは端的にいって、勉強不足、基礎学力不足です。

学問を学ぶためには、まず、現在、理系と文系に分断されているそれぞれの基礎科目をきちんと身につける必要があります。理系でいえば数学、物理、化学、生物学、地学、統計学などです。文系でいえば、語学、文学、美学、経済学、歴史学、地理学、文化人類学などです。
つまり昔の教養科目といわれたような科目・課程をしっかり勉強してから、それらの境界にまたがる分野に漕ぎ出すべきでしょう。

Q17 科学者(あるいは技術者)にとって必要な文系的要素とは何でしょうか?

A17［**かこ**］ 科学技術上の成果や経過内容についての報告文作成、文章図表表現、口頭掲示に始まり、大規模工業化のための、工程設計、製造製品管理、関係素材、原材料の費用経理、並びに関係する法令役所との連絡折衝等で、文系者の応援助力を得るとしても、最低の基本事項は必要となります。そういった観点からいえば、大学研究機関より、一般営業会社の勤務は有意義でオヤジギャグ的に言うと会社の表裏を知れば語字通り社会の裏表を体得しうるものでした。

A17［**福岡**］ 文学的想像力ということだと思います。たとえばリチャード・ドーキンスは、科学者として躍起になって神の存在を否定します。それはもちろん科学的態度ではあるのですが、それならばなぜヒトがかくも長い時間にわたって、常に宗教的なものの存在を必要としてきたのか、その進化論的理由が考察されなければなりません。

また、科学者はオカルト現象やUFOの存在を言下に否定します。それももちろん科学的な態度ではあるのですが、たとえばUFOの目撃例が出現するようになったのは戦後、東西の冷戦構造が明らかになっていった時代状況と照応しています。そういった現象を含め、なぜヒトはUFOを見てしまうのか、なぜオカルト現象に惹かれてしまうのか。そのような方向に思考を向けるのが文学的想像力です。これは科学者（いわゆる理系の人）にもぜひとも必要な知性だと思います。

とはいえ、いわゆる文系の人が文学的想像力にたけているかといえば、必ずしもそうではないでしょう。

Q18

現代社会には、温暖化と二酸化炭素排出量の関係、遺伝子組み換え作物の是非など、文系と理系にまたがる、結論を出しにくい問題が山積しています。私たちはこれらにどのように対応していくべきでしょうか？

A18 ［かこ］　これまで理系・文系の互助共生により、複雑多様化する社会に寄与する前向きの論を述べてきましたが、それらを阻止妨害する因子が存在します。

その第一は狭小な国益追求です。地勢や資源、気候等の分布が一様でないのに、地球上200以上の国々が、互いに自国の有利潤沢を求めて競合、かけ引、紛糾を起こし、地球規模、汎世界問題の解決に至っていないこと。

第二は生産貿易経済活動における利潤至上主義です。正常公正な商取引の結果であろうがばくちやカジノ、さては架空のバーチャル不動産の契約であろうが、経歴由来でなく小より大が優先する傾向です。

第三は人間各個人がその好悪、良否の健全常道の感覚のみでなく、表層外見とうらはらな虚言虚飾、騙し、剽窃、裏切り、離反、猜疑、狷介、自我固執等、負の面を持つ生物であることで、その集団の社会も、こうした負の側面を持っていることです。

こうした三点が問題の解決を長びかせ、混迷混乱の因となっていると思われます。

A18［福岡］　生命倫理、医療、環境、エネルギーなど現代社会における諸問題には複雑なフェイズが含まれています。まずこれを切り分けるアナリティカル・マインドが必要だと思います。これは文系・理系という枠組み以前の問題です。

具体的にいえば、複雑な問題には、科学的な視点から見た真偽のフェイズ（問題にしている現象やデータを定量的、因果関係的に解析してどのようなことがいうるか判断するフェイズ）、社会的、文化的、あるいは政治的に見た正悪のフェイズ（正義のあり方や合意形成、市民参加のプロセスのフェイズ）、そして美醜のフェイズ（その行為・選択が美しいと感じるか、醜いと感じるかという個人的な審美のフェイズ）、の三つのフェイズが存在していると思います。

そして多くの場合、これらのフェイズが混合・混乱して議論がかみ合いません。まずフェイズを分け、それぞれのフェイズで必要な知のあり方、あるいは専門家の存在と意見というものが広く問われることになると思います。

このような局面になってはじめて、専門家の専門分野が、文系か理系か、という言い分が出てきてもよいかもしれません。

Q19　現代の社会の中で、科学の言葉がなかなか通じにくいことは否めません。これには文系・理系の双方に問題点があるかもしれません。科学をわかりやすく伝えるにはどうしたらよいと考えておられますか？

A19［**かこ**］　社会と科学技術の世界が、複雑多様化するにつれ、使われる言葉も概念も一般に通用せぬものとなってきています。しかし文系人にも科学技術の主要な進展状況を理解してもらわねば、これからの社会の前進が不完、不全となるは必定です。その克服のためにはよきサイエンス・ライターや解説者の輩出と、単なる表層外観の動向や流行に惑わされず、真の未来性と洞察力を持った社会科学者との連携、共同作業が待望されると思います。

A19［**福岡**］　自分がそのこと（ある科学的事象や科学的概念）を学んだプロセス、理解した喜び、発見した感慨を忘れないようにして、その過程を丁寧に伝えることが必要だと思います。

それから科学は最終的に言葉であり、科学の進歩とは言葉の解像度が上がる、ということだと思うので、つねに言葉の重要性、言葉の解像度が緩まないことを心がける必要があります。

言葉の解像度が緩いと、科学はたちまちオカルトや迷信に接近してしまいます。

Q20 理系、そして科学の「喜び」「楽しさ」について、ひとことお願いします。

A20［**かこ**］ 敗戦後の混乱期や災害発生時の福祉救援、地域活動の経験から、医、法、文、教等の専門知識と実践の総合連携が、年齢差や困窮差のある地域住民によい結果をもたらした実績に基づき、１９７９年、私は科学、文化、教育、福祉の総合研究所を設立、２００４年法人とし、科学技術人としての喜びと幸悦を得て今日に至っています。参考にされたし。

A20 **［福岡］** 生命のふるまい、世界のありよう、宇宙の成り立ちを知るということは、それらをヒトの知性がどのように捉えているかを知るということです。つまり細胞の微細構造を見ることと宇宙の深淵をさぐることは、自分自身の認識の構造をのぞきみていることと同義語です。これほどスリリングなことはありません。

かこ作品の言葉③

これは、人間の骨です。
こわいなー
いやだなー
なんて言わないでくださいね。

みんなの体の中には
この絵のような骨がちゃんと入っているのです。

では、どうしてこんな骨が、体の中に
入っているのでしょう。

（『ほねは おれます くだけます』童心社）

4章

〈私の授業プラン〉
「寄り道」を楽しもう！

かこさとし

教科横断的で、子どもたちの自主性を育む目的の
「総合的な学習の時間」は
2000年から段階的に小中学校等に導入されました。
同年、かこさんが発表した食についての独創的な授業プランには、
阪神・淡路大震災をふまえた考察もあり、
東日本大震災を経験した私たちにとって、
今あらためて読むべき価値がある論考です。

食を学ぶとはどういうことか

食をめぐって、〝つくる〟と〝たべる〟をつなぐことは、すでに学校の現場でさまざまな先生が試みられておられると思います。ここでは食を学ぶとはどういうことか、考えてみることにしましょう。

❶寄り道をする

『かこさとしのたべものえほん』(全10巻、農文協)では、ごはん、パン、うどん、野菜など、食卓から、田んぼや畑に遡っていきました。たとえば第一巻『ごはんですよおもちですよ』では、食卓のどんぶりのなかの白いごはんが、玄米、モミになり、秋の田んぼの稲になり、春の田植えの頃の苗になり、最後は冬、農家の納屋に大切にしまわれたもみになるところまでが描かれています。いわば「食品、製品加工部からの遡上型」とでもいうべき手法です。ふつうは、栽培・飼育から入って調理・加工・保存へと降りてくる「食農素材源泉部からの流下型」が一般的だと思います。

その場合も、栽培・飼育から始まって、ふつうは処理・調整・流通とすっときてしまうのだけれど、学習の年間計画のなかで横道にそれてみてはいかがでしょうか。

先日、私は西アジアのオマーンという国に招かれて紙芝居をしてきました。この国は産油国として有名ですが、日本向けのエンドウマメの主要な輸出国でもあります。そこで、3年生の教材をマメで行こうと決まったら、マメを栽培して調理して食べるというのが、メインの活動としてあるのだけれども、そこに行きつく前に、マメは日本のどこで生産されるかを調べ、そこから、大半の豆が輸入に頼っている実態を知るようにします。エンドウマメの話からオマーンの地理を勉強してもいいわけです。つまり、ここで経済・貿易・政治というものがかかわってくる。またそこに統計処理や子どもたち向けのKJ法も開発されていい。「総合的な学習の時間」ではこのような寄り道が大切ではないでしょうか。

いよいよマメを収穫したら、そこでグループ分けをして競争して好きなものをつくります。テレビの人気番組で〝料理の鉄人〟というのがありましたが、あんな感じで、コ

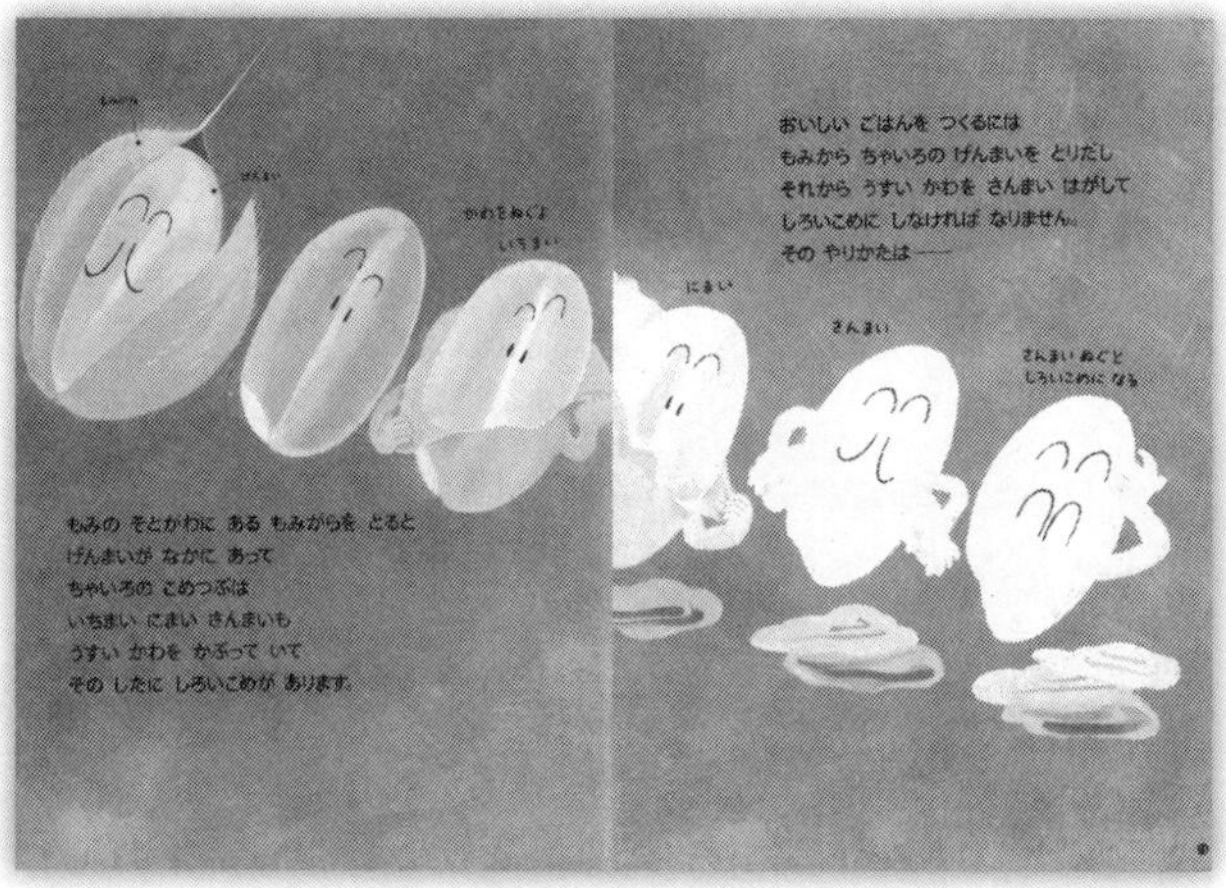

『かこさとしのたべものえほん』
第１巻『ごはんですよ おもちですよ』より。
白い米粒からもみへとたどっていく

ンクールをしてそれぞれのグループの点をつけるのもよいでしょう。調理だけでなく、途中で食事の仕方やマナー、摂食法といったことも学んでいきましょう。

最後は食品の後処理、ゴミ問題。これは、すでに多くの先生が取り組んでおられると思いますが。

このように、同じ食を取り上げるといっても、「総合」では家庭科のように一直線に進めるのではなく、できるだけ寄り道をし、手を広げることです。ただ、手を広げるといってもあれこれの食材をつまみ食いするのではなく、今年はマメでいくと決めたら、1年間マメで通したほうが子どもたちの探究は深まると思います。

❷横ならべをする

❶ではより一般性のある食べものを取り上げるとよいと思いますが、そうではなくて、もっと特殊な食べものを取り上げていくいきかたもあります。たとえば、凍み豆腐、ほうとう、ぼうだら、湯葉、そば、ひのな、はたはたなど。これらは季節性・地域性と材料が出会って生まれた個性的な食べ物です。同じ、大根にしても守口大根とか練馬、三

浦、桜島とかいろいろありますから、それらをずらりと横に並べて比較して見る。品種や調理・処理の工夫を比較することで、その地域性がどこに由来するのかが見えてきます。

❶が一般性で縦の方向の探究とすれば、これは特殊性による横の方向の探究ということになるでしょう。

❸「総合」を総合する

つぎは「総合的な学習の時間」を学年をこえて組み合わせる手法で、「総合」というよりは「大総合」とでも呼ぶべきものです。高学年と低学年を組ませて、栽培や飼育に年間通して取り組ませる。あるいはもっと長期にわたって3年くらいかけて育てるようなものもあっていいでしょう。学年の組み合わせは6年生と3年生、5年と2年、4年と1年でもいいし、あるいは6年と1年、5年と2年、4年と3年でもいいでしょう。食材に長期間にわたってかかわっていくことで、成長（生長）の段階が見えてくると思います。また、年度を越えて取り組めば、経年変化が見えてきます。

このような活動を行うときの時間割の組み方は、毎週2時間かそこらでちょこちょこやるのではダイナミックな動きができないし、変化にも乏しいと思います。学期ごとにまとまった時間をとるような形が組み込めるかどうかに活動の成否がかかってきます。

食材として何を取り上げるか

それでは取り上げる食材はどういったものがあるでしょうか。

一つは、米、小麦、豆、野菜といった現在の日本の主要な、それを抜いて考えることのできない食材です。

二つは、❷でもあげましたが、あまり量としては多くないけれども、地域の特色をよく表した食材です。かつてのぼうだらのように、日持ちがして、調理の手間はかかるけれども味のよい食材がいろいろありました。これはかつてはごちそうの類だったのですが、戦後はだんだん消えていきました。『日本の食生活全集』（全50巻、農文協）には、全国各地の地域性豊かな食品がたくさん収録されています。あのような地域地域の食を取り上げてもおもしろいし、大事なことです。

三つめは、未来志向といいますか、食の現代化にかかわる食品です。たとえば遺伝子を操作した食品をどう考えたらいいか。現在では加工食品に、防腐剤や粘稠剤、潤滑剤などさまざまな添加物が入れられるようになりました。最近の豆腐にしても舌ざわりがずいぶん良くなったように思いますが、子どもたちに豆腐をつくらせてみて、いま売っている豆腐といかに違うかということを比べてみるのもよいでしょう。

「総合」の成功のカギは「寄り道」にある

さきほども述べましたが、「総合」ではいかに寄り道をするかがポイントです。思いつくままに、いくつか例をあげてみましょう。

❶果物の味からの寄り道いろいろ

トマトでもわれわれが小さい頃食べたような青臭いトマトが消えてしまいました。リンゴでもインドリンゴなんていうのは歯触りも芳香もよくて、大変貴重品だったのですが、いつのまにか見向きもされなくなりました。

苦心して万人向けに品種を改良したことで、味の多様性が消えてしまっているのではないでしょうか。その善し悪しを考えてみたいのです。そこにはたしかに苦心があるのですが、同時に均一化が生まれている。そこから食べものというものを楽しんだり、味わったり、ということの意味を考えてみたいのです。

柿の渋味なんていうのも、いまの子どもは感覚としてわからないかもしれません。渋柿を味わうことから、渋ぬきの意味とか、渋の多様な利用に広がっていく。柿渋はたんに邪魔ものとして抜かれるだけでなく、昔は傘や渋紙の防水防腐に、現在でも日本酒の清澄剤や染色などに活用されています。このように柿はいろんなところにつながっていく教材です。

❷御飯と丼の寄り道いろいろ

御飯の炊き方というのは最近学校ではあまりやっていません。飯盒炊さんというのは軍隊の残した唯一の良い遺産ではないかと思っています。飯盒で御飯を炊くと、微妙な水加減とか蒸らすということを体験することができます。これは阪神・淡路大震災のような非常時にも役に立ちます。

それから盛りつけ。どんぶり飯の盛りつけというのは『かこさとしの食べごと大発見』（全10巻、農文協）の第1巻『ご飯 みそ汁 どんぶりめし』でも書かせていただきましたが、小宇宙なのです。限られた大きさのなかで丼とマッチするような飾り付けをし、食べる順序も考えながら盛りつけるわけですから。これをコンクールのようにしてやってみてもおもしろいかもしれません。

なまの素材では大変なら、色紙で素材をつくってやってもいいのです。それを子どもたち同士で採点をする。丼コンクールです。

❸安全性をどう考えるか

いまは貝などはすごく殺菌しているそうです。産地としてはいっぺん食中毒があると打撃が大きい。医療的な安全性というのが実際どうなっているか社会科的に探究してみ

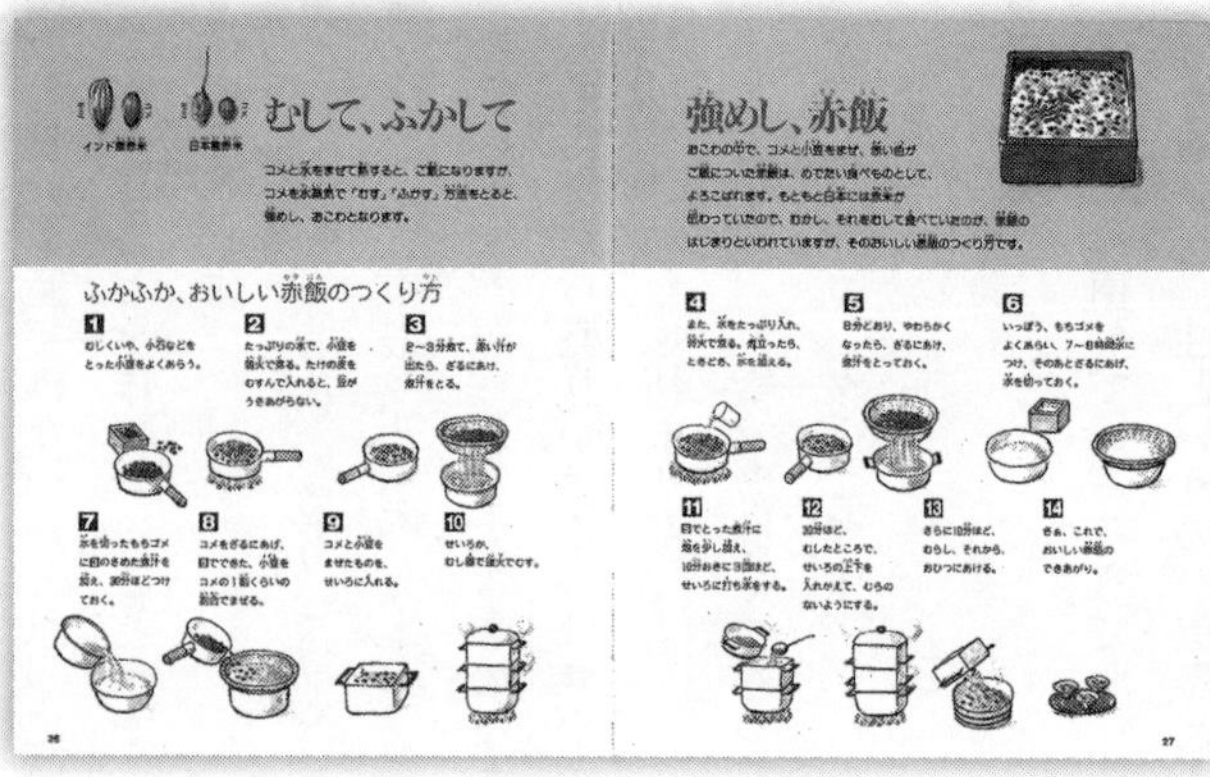

『かこさとしの食べごと大発見』
第１巻『ご飯 みそ汁 どんぶりめし』より。
米と小豆で赤飯を炊いてみよう。
赤米のごはんと食べ比べてみてもおもしろい

てはどうでしょうか。本当は大人がきちんとやらなければいけないんだけれども、どうもやっていない。それを子どもたちと考えてみるのです。

阪神・淡路大震災後5年ということで追悼の集会なども開かれましたけれども、平穏な日常のうちからアプローチしていって、緊急事態に臨んでぱっと頭を切り替えられるようにしなければなりません。中毒に対してどういうチェックや処理をしていくかということは、そのような非常時への備えとしても必要な知識だと思います。

最初からきちっとした筋道を示すのではなくて、最初は行き先も目的も明らかにせずに、たとえば、オマーンとエビと○○商事とサヤエンドウという一見バラバラの事柄がつながっていたことが、あとになってわかるというのもおもしろいのです。

終わりよければすべてよし

このような展開があって、最後の締めくくりが提示です。

最近の教育関係の発表を見ますと、ビデオとかパソコンを使って非常に上手に提示してはいるのですが、いまひとつパターン化しているように感じます。発表のための器具が発達したものの、いまはその器具に振り回されている段階です。電化製品の宣伝みたいで内容がないのではつまらないですね。

こういう意図でこういうことをしてどういう結果になったか。とくに結果についてはよかったこと、悪かったことをはっきりさせるだけではなく、一般に考えられる成果ではない、自分がやったことを通しての特殊な発見が何か、子どもたちにも自覚させなければなりません。

提示の手法はいろいろあるでしょう。たとえば紙芝居にしたててしまう、途中でこういう苦心をして、結果はこうで、悪かった点はこうだ、と。この次の学年の人はここを気をつけてほしい。そこがはっきりしていなければいけません。

それを簡潔に短い時間でやるのにはどうしたらいいか。そういうことにも力を注ぐ時間があっていいのではないでしょうか。今のように進学熱が激しいなかでも、あるいはその反動なのか、学芸会は盛んに行われています。私の作品を劇に脚色したので見てくれと、ビデオを送ってくるような例も多いのです。先生からの手紙を読みますと、「放課後は塾に行くという子どもたちを説得して劇の練習をするのは大変だったんです」といったことが書かれているのですが、「総合的な学習の時間」が設定されれば、そういうことが堂々とできます。

劇や紙芝居、絵本でもいい。そこまでいかなくても「大豆新聞」というようなパンフレット形式にして、活動に参加した人はもちろんのこと、学年の全員に配れるように編集する。えてして新聞づくりだけが目的になってしまって、記載する内容がないのではうまくいきません。活動が先にあってそれをいかに見やすく読みやすく伝えるか、と考えたほうがうまくいくと思います。

テーマいろいろ、食の総合的学習

この章では食の「総合的な学習の時間」ということをめぐって、思いつくままを述べさせていただきました。具体的な食農の「総合的な学習の時間」のテーマ案としては、次のようなものを候補として考えています。

①小麦ばたけの諸問題
②全員かぼちゃのパンプキン
③今年はみんなまめである
④大豆「三分の法」大作戦
⑤とうもろこしの実から皮まで
⑥野草雑草のウオッチング
⑦くさるとはなにか
⑧おでんと呼ばれるものの追跡
⑨ラーメンの探偵
⑩ライスカレーとカレーライス
⑪パスタ・マカロニ・ピザ料理
⑫お茶をのもう、お茶をたべよう
⑬カタクリ、クズ粉、デンプン粉

このうち①~⑦は食農素材からの流下型であり、⑧~⑬は食品、製品加工部からの遡上型となります。文部省(注・当時)では「総合的な学習の時間」のテーマの例として、国際理解、情報、環境、福祉・健康の四例をあげていますが、これをそれぞれバラバラに行うのではなく、食とからめるとおもしろく進められると思います。

かこ作品の言葉 ④

高い大きい美しいすがたで、富士山が、
長いあいだわたしたちをなぐさめ、
はげましてくれたように、
こんどは、わたしたちが
富士山のことをよくしらべ、
大自然のふしぎを
しっかり勉強するばんです。

(『富士山大ばくはつ』小峰書店)

Ⅱ部

科学絵本が子どもを伸ばす

5章

子どもたちと
科学よみもの

かこさとし

科学絵本の第一人者であるかこさんは、
科学よみもの全般について、どのように考えてきたのでしょうか。
以下は、四半世紀以上前に発表された記事ですが、
今につながる戦後の出版事情の貴重な記録です。

子どもの本・よみもの

子ども向けの、よい内容の、造本や紙質も検討された出版書籍類が、とくに戦後活発に刊行されるようになり、また関係者の努力によって、すぐれたものが各種の方法で奨励推挙されて、すばらしい盛況を示すこととなった。

その出版点数も、種類も、印刷造本技術も、そして内容においても、欧米先進国の水準に達したどころではなく、国際的に高い評価や賞をうけることも珍しいことではなく、子どもの本の世界では、日本は有数の状況となった。かつて外国児童文学の翻訳や絵本の日本語版が、あたかも高さや深みを表す標尺となっていた時代は消失した。

このような状況現出は各方面の努力の賜であったけれど、もっとも根元的な原動力は経済の力であったことをはっきりと認識しておかなくてはならない。

児童関係の本の著者、作家、画家、装丁者、あるいは批評家、図書館員、家庭文庫などで熱心に本をすすめる人、学校や園で読書運動を推進される先生方等々、いずれも子どもの本の効用、大事さ、すばらしさを説き、鋭くその教育性や文化性、子どもへの影響などの長短を論ぜられる。

これは明らかである。だがほとんどその経済面に言及されることがない。あってもせいぜい「やや高価なのが難である」とか「分売であればさらによかっただろう」という程度である。

資本主義自由経済下では、経済の問題は死命を制する。それがどんなに必要で、如何に将来よい結果が期待され、時には相当の政治権力で強行したとしても、経済的に収支を失い、持続すればするほど、赤字が重なり、限度ある援助では支えきれない時は廃止したり停止するのは、国鉄や北炭やその他多くの実例で明らかなとおりである。

子どもの本やよみものは、子どもにとってすばらしい心の糧となり、よき成長の効果即ち、短時間ではなく、長い間にゆっくりと、表面皮相でなく、人間性の奥底に沈潜して、目だたぬがしっかりとした影響を与えるというような、文化や教育上の別な尺度の価値をもっている。しかし市販される子どもの本は、出版社にとっては明らかに商品である。他の商品とて芸術性や文化性に富むものが多くあり、決して特殊なものではない。

商品であるからには当然、経済の法則が他と同様に適応し作用する。子どもの本だからとて、本屋の店頭で優遇されるのは、経済の圧迫が支持の熱意を上まわらない間と考えるべきであろう。それ以外は篤志なのである。

こうした冷厳な経済状況の商品である子どもの本が、前述の如く盛況にいたったのは、それを実現させえた購売力、要するに多くが売れたということであり、それをさらに分析してみると家庭で購入したということが一番の力となっている。だから子どもの本や出版の盛況は、端的にいうならばこれを支えたお母さんの勝利であった。

かがくの本や科学よみもの

こうした子どもの本、出版書籍の一部に、かがくの本とか児童科学書、科学よみものと呼ばれる一群がある。明確な定義や分類は相当むつかしい。なぜなら「砂時計」という題でも、科学書もあれば推理小説もあり、なかには一回も時計のことも砂にもふれないエッセイ集もある。さりとて内容で分類しようとすると、四季を美しく叙述した韻文

（原文は）を、詩と見るなら文学かも知れないが、季節による変化と生命の脈動輪廻と見るならばすばらしい科学書といえるので、聖書やことわざを科学的に検証した本は、文どちらに区分すべきなのか問題となる。英国で購入した木版画のふくろうの絵本は、文が詩でかかれているため一度も科学の本として評されたことがないが、私はその生態に忠実な文画の描写から、科学書として推せんしたことがある。

こうしたことは、たんに科学の本が他の子どもの本と対象がちがうというだけでは、区分ができないことや、テントウムシやアサガオを述べてあれば、すぐに科学書としていいのかという非常に重要な問題にふれてくることとなる。

かつて子どものよみものが、主人公や登場人物を少年少女としたり、その描写が教訓美化となる旨をまもり、事実であっても残忍非情な場面をさけるべしとされていた頃、科学の本や教科書もまた、科学的現象やその理論的解説、ないしは科学技術の驚異や偉大さ、ならびに努力の讃美の幼少年向け平易叙述版から出発していたのは事実である。

このような基本姿勢が、当時の産業革命や植民地政策、軍事力増強や技術革新といった時代要請に拍車をかけられ、題材をアリや雪からレーダーへ、メッサーシュミット

（第二次世界大戦時のドイツの戦闘機）からブラックホールまで拡大していったのである。

しかし、如何に題材が子どものとびつく、あるいは魅力ありそうなものであっても、前記のような基本姿勢に止まるなら、新時代の子どもの科学書と称じえないのではないかという慧眼な一群の開拓者によって、検討が加えられてきた。

それは子どもの本やよみものが、作家や文士が子ども向きに小説や作品をかくところから生まれるのではなく、読者としての子どもを主軸に考え、大事にすることを作品創造の基本にすえようという気運と同時に、もっと明確にいうならばその同一基盤の一展開として、科学の本をも創造しようとする方向であった。誤解をおそれずに明言するなら、その本をよむ子どもの意欲、理解、反応、愉悦を重視して、その本の適否がそれによって判断され、子どものつぎの飛躍や発展、喜びへの転化のあるなしを尊重し、これらの点に本づくりの基本をおこうとする態度であった。

かがくの本や児童科学書でこうした態度を貫くということは、たんに題材や対象を科学技術の関係事項に選び、叙述や展示集約を客観的実証的正確さでのべるだけに止まらず、その対象の選定や展開や結論のもち方を、科学啓蒙者や知識提供者としての満足ではなくて、読者としての子どもの側の満足にどれほど合致したか否かで決定しようという態度である。

こうしたなかでは、かたくるしさや味気なさ、カサカサした人間性を圧殺したような文や画面ではなく、楽しさや魅力が意欲というエネルギーになるよう配慮される。しかもそれを編集技術や展示の方法という小手先のものとして見る態度こそ、子どもという成長過程にある人間の、意欲にこたえる科学的態度ではないとする立場をとる。このことは子どもの要望のままだとか、迎合だとか、著作者の主体性はどうだとかいう雑音にたいし、後述のごとく子どもをどう考えるかという大人の姿勢の反映となってくる。

要するにかがくの本や科学よみものを、他の子どもの本やよみものと基本的には同一の基盤に立つ製作執筆出版態度、すなわち供与者の意欲を、自らの利害満足の範囲で処理せずに読者である子どもの理解、対応のなかで開花させ、ゆだねようとすることを特長とする新しい科学書づくりの芽があらわれたのである。

幸いなことに前述した子どもの本一般の支持の波のなかにくみこまれ、こうした新しい、画期的な科学書の出版がつぎつぎと確保されていった。

同時に不幸も伴っていて、あたかも高度成長時代であったから、従来の旧態依然たる科学書づくりの態度で、図版や色彩をにぎやかに美麗に装ったものや、ただ珍しい新知識の羅列集積したものが続々出版され、現場や実験室をもたないいわゆる科学評論家は、新知見に弱いから、珍品即優れたものと勘ちがいして、よい科学書などと評することとなってしまった。

こうしたことの不分明さと混乱、あいまいさと誤りの結果は、やがていろいろのところであらわれてくることとなった。

科学教育と理科の授業

かがくの本や児童科学書が、前記のような新旧いずれの態度でつくられていようとも、義務教育課程の「りか」や「理科」、さらには「物理」や「化学」や「生物」の学科単元と、直接関係対応するものではない。

私のかいた本を、理科の時間に、副読本のように活用して下さる報告を、教研集会（注・教育研究全国集会）でたびたび聞いて有難いことだと思ったものの、作者の弁を述べよと質問され、正直に「実は授業に使って下さることなど、もうとう考えずにつくったので、お役に立つかどうか怪しく思う」と述べたところ、がっかりしたような様子で、なおさら恐縮したことがある。拙作のものばかりでなく、ほとんどの著者が授業や教育課程と無関係に、かがくの本や児童科学書をつくっておられるのは事実であろう。したがって文部省（注・当時）で審査をうけたことも、訂正事件にまきこまれたこともなかった。

1年生では動植物の観察とか、幼稚園では大領域の自然とかときまっていても、子どもが科学の本を全員もっているわけでもないし、まして5月になったら一せいに「苗床にタネをまいて」などという頁を読むか読まないかは、その子や家庭の、まったく自由裁量となる。小学5年以上でなければ理解できぬ電気や化学の現象が、教科書ではちゃんと系統的に配置されているが、たまたま中学生の兄ちゃんが読んでいた「科学よみもの」を、小学3年の弟が読んでしまったからとて「過度な知識注入」と批難されることも問題になることもない。

　かがくの本や科学よみものの内容記述がむつかしすぎるか、やさしすぎるかは、一にかかってその読む子のその本にたいするその時の意欲やとりくみ方によって規定されるもので、幼稚園児でもハム（アマチュア無線）に挑戦する子がいるように、教育制度を離れた場では、制約はないといっても過言ではない。

　しかし広義のかがくの本のなかに、いわゆる算数やたしざんの本というものが含まれ、これらは就学前の4、5歳の頃、多くの親によって購入され与えられる。供与が、子どもの好みや意欲によるのではなく、「家庭学習」の教本となったり、補完指導が行われていることもある。こうした子と指導者（多くは親）との接触によって、さんすうの本というものがこんなにも楽しいものであり、同時に勉強や学習ということがこんなにもすばらしいものであることを子どもが知る機会を得るならば、大いによろこばしい限りとなる。しかし、まったく逆の結果となったなら、さんすうの本にも学習にも不幸であるばかりでなく、最大の被害者は当の子どもということになりかねないだろう。

　それとよく似たことが、前記した子どもの本を授業の教科で使用する場合におこる。

前述した如く教科書は著名な専門家と出版社の組織で編集され文部省の検定を経たもので、なかには絵本よりきれいな色刷多彩なものもあるが、それだけでは独立性が乏しい教具であり、教師という指導者によってはじめて教育が全うできるものである。

とくに理科等の教科書は、実験や観察や討議といった補完があって成果がみのる出版物である。かがくの本とか科学よみものがたまたま同様な題材をとりあげていたとしても、それは教科書とはちがい、補完作業を必ずしも期待せず、それなしで本としての完結性や満足さを与えなければならないという前提にたつ。すなわち授業や教室という場とはちがい、指導者の示唆や教導がなくても、実験や観測などの機会や条件が満たされなくても、接する子どもに満足を与えることを旨とする。

具体例を述べた方が問題点をはっきりさせることが出来るだろう。すでに理科教育で、仮説実験法という授業法が成果をあげていることは周知のごとくで、筆者もすぐれた授業法の一つと敬意を払っている一人である。しかしあるかがくの本の批評で「仮説実験法のようなことをさせていないで、やさしく知識を述べただけ」という論者がいたり、科学書の選定に実験などの項目の有無が要素となっているなら問題となる。前述のかがくの本は結果的にすぐれた本と筆者もおもわなかったけれども、ここで重要なのはかがくの本と授業法の混同に加え、科学研究の手法との分別もできぬ、誤った認識が、科学書の批評の世界に存在していることである。

科学の研究では実験・試験・観測等を、推定や計算や法則探査の有力検証法として用いる。だからといって実験や観察を行うことでただちに科学認識に達したり、科学への関心が深化するほど、簡単ではない。科学教育の場で行われる実験観察は、科学技術の研究のそれとは異なった計画と評価で行われる。そのようなところへ補完方法が検証できぬまま、実験観察をもちこんだり、教科書と異なる前提を無視して同一基準で評定しようというのは無理というより非科学的である。

かがくの本と理科授業と科学の研究は、非常に大事な関係をもっているが同一ではない。だからそれぞれ独自の方法や基準で論じ判断せられなければならない。

かつて筆者はかがくの本の発展を願って、それには科学書の批評の立ちおくれと、不勉強を指摘したことがある。当時かがくの本の出版点数はいたって少なく、出ることだけでも意義があったから、難産でうまれたみどり児に、まだうぶ湯もつかわぬ前から、きびしい批評などとは鬼にも等しい論とうらまれたかも知れなかった。しかし前述の如く、その後多くのかがくの本や科学よみものが続々出版され、むしろ子どもの本の方が鬼っ子のように世にはびこるにいたった。

授業は授業、よみものはよみものとして、はっきりと認識をしておかなければならない。かがくの本、科学よみものは、数葉の紙片上に文字図形記号を印刷し、著者・作者・編者の科学的思惟を冊子形式で伝える出版商品である。だから優劣良否を論ずるなら、その思惟の適否が問題とされなければならない。紙・印刷・冊子という出版形式には、たとえば折込みとかフィルム・テープの添付といった例がないではないが、それらは例外である。また実験や観察を必須主軸とするなら、かがくの本は実験手引きや観察案内となり、主体は出版物にはなくなってしまうだろう。

子どもへの浸透寄与影響が第一であるなら、もちろん出版形式にこだわる心要はない。より強力な音声や動的映像や立体表示という手段や、人格的接触や対応や生活的交流といった効果的手法が動員されることが望ましいが、かがくの本や科学書はそうした方法手段をさけ、制限と制約のある条件の下で、たんにそれを欠点やいいわけとするのではなく、子どもという成長する営みに応ずるには、自ら律し選択し放棄しうる自由とゆるやかさこそがふさわしいという確信がつらぬかれているからである。実験とか思考とかを云々する論者は、こうした出版書籍形式を文書第一主義や、おくれた教育法の教科書主義ととりちがえたり、ティーチングマシンやワープロの使用即進歩と思いちがいしていたのではないだろうか。

自恣な世界での子ども

じつをいえば、子どもの本とか科学よみものがどうあらねばならぬと論ずるより前に、もっと重要で肝心なことがあったはずである。それはどのような議論をしようとも、その出発点である子どもという原点である。

教育の対象や教室という場での子どもについては、多くの先賢によって論じつくされている。家庭や社会、非行や問題発生、医学や生態行動学という観点からの、示唆にとむ研究や学際的探究も枚挙にいとまない。そうしたすでに研究や考察対象となっていないところや時間帯の子ども——そこでは親や教師や大人の管理や指導や補導の目をはなれ、自恣な行動と生態を示す。読書コンクールとか宿題とかのプレッシャーがなければ、子どもたちはここで自らの好みにしたがって本を読み、マンガに熱中し、つまらなければ放り出す。かがくの本や科学書が、授業や成績や宿題と直接関係なく読まれたり、好まれたり、敬遠されるなら、こうした場での子どもの動向や嗜好に関する研究がなされなければなるまい。前述の如くたんに実際の科学技術分野の様子や知見の圧縮化・幼少年版ではなく、子どもの成長する力のなかにある科学にたいする希求を中心にしようとする立場からは、このことなしに本づくりも執筆も正しい一歩がふみ出せない。

そうした自恣な世界での子どもの法則は、遊びから多くの教えをくみとることが出来る。たとえば石けりという遊びが知られている。明治初年宣教師により移植された来歴のあるこのヨーロッパのホップ・スコッチを原型とする遊びは、地上に第一図のような図形をかき、片足／両足／片足／両足の交互の跳び方を行う。そのとび方からケン・パという異名が発生する。やがて第二図のような片足／片足／両足／片足／片足／両足のとび方が案出され、ケン・ケン・パの呼称となる。こうしてケン・パ・パ、ケケン・

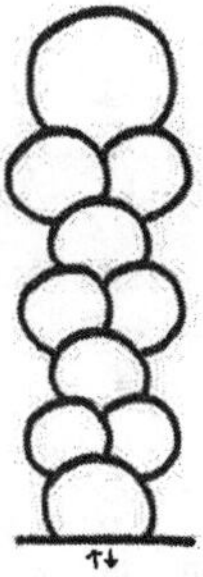

第一図

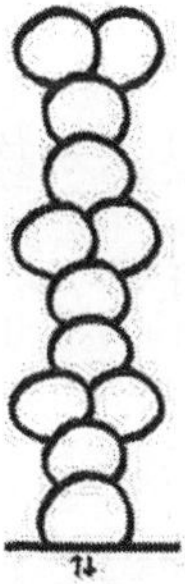

第二図

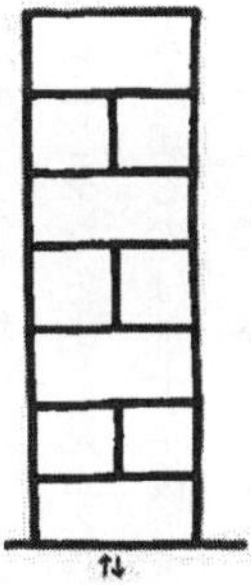

第三図

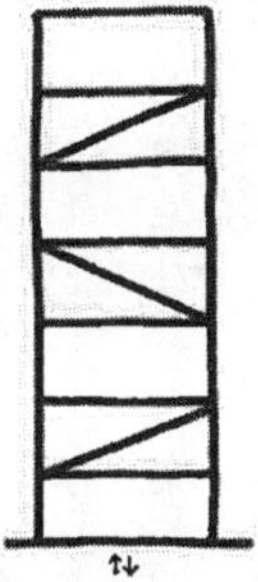

第四図

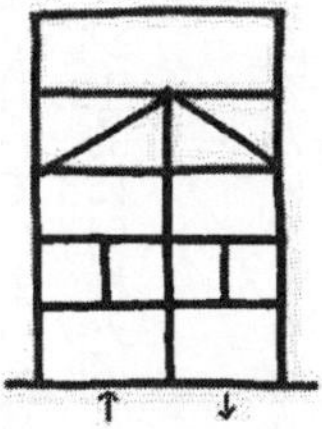

第五図

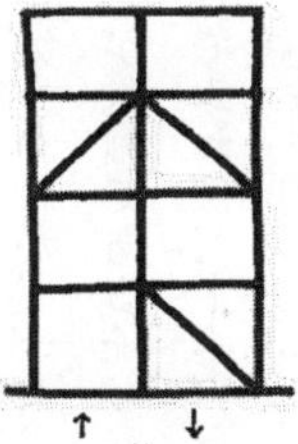

第六図

パ・パ、ケンパ・ケケンパ、ケケンパ・ケンパ等数百の図形と遊び方のバリエーションを派生するにいたる。なぜなら形をかえたり、間違えて伝えても叱られも罰も受けぬ世界であり、目的はただひとつ、楽しいひとときが過ごせればよいからである。

ところでこの円形だんご型の図形を、ものぐさか気まぐれか、一人の子どもが角型の第三図の如きものとして描いたとする。遊ぶ楽しさが主軸である子どもは、この図形が第一図と同じことをたちまち見ぬく。位相数学の目でみれば、トポロジー的に同一であることを大人が知るのは数十年後のことである。たちまち円形だんご型は、この角型レンガ図におきかえられ、なかにはあわてて斜めの線を引いてしまった第四図や、折返しにより往復路を接続した第五図も、第一図とトポロジー的に同様だから地形や状況に応じて使われる。

こうして丸や角の石けり図形が、私のささやかな調査だけでも800種以上をうみ出されることとなるが、子どもたちの営みとはいえ、これだけなら私たちの予想の範囲を超えるものではない。子どもたちの真価はこれから後に示される。

前述の第四図の変形の一つに第六図のようなものがある。その中央部を走る線を無視した子どもは、何やらあやしい記号をよみとる。そして自分の理解や経験や思考を動員し、知っている漢字に思いいたり、これを「天下とび」と称するのである。ところによっては「木下サーカス」というところもある。同様にして大正ケンパ、一平、土平とび、田んぼとび、寺まいり、天一とび、大工さん、日本一、大ケンパ、木ベエケンパ、歯いしゃさん、ハナコさん、バッ天下などを続々創出するにいたる。

大人には出来ないこの飛躍と追求は、さらに「カカシ」などの図形や「どこゆき」などの的入れ遊びに発展してゆくこととなるが、ここで示されたのは①自分たちに関係することで、②やり方や順序が理解できることで、③興味がわくことの三条件がそろうと、子どもたちはそれを自分のものとして愛し、努力し、工夫し、そのことに喜びをもち、結果として成長の力をもたらすという遊びの法則であった。そして他の種々な遊びにおいてもこの法則は通用するだけでなく、自発性や自恣の場や生きがいの醸成に関する一つの原則であった。

経済成長の頓挫

自恣な世界で示す子どもの、知られてはいないがすばらしい成長の力と、かがくの本の新しい視点が、対応していることを知った。そして1955年以来着実につみ重ねられた子どもの本の盛況は、当然よき成果を期待させてくれたのである。

ところが慧眼な専門家は日本の子どもたちの種々な異変を指摘し、1965年にいたると、その一部は先進近代化社会共通の現象と酷似している児童問題であることを見ぬいていた。1975年を過ぎると、どんな楽天的な親にもぼんやりな大人にも、はっきりとしてきた。

さまざまな原因、責任、対策論がどっとふき出た。やれテレビがわるい。マンガがけしからん、いや週刊誌だ、マスコミだ。親だ、教師だ、社会だ、政治だ、経済だ、ウサギ小屋だ、愛国心の欠如だ、軍国主義の復活だ、ソ連や中国のまわし者だ、英国やイスラエルはどうなんだ、死の商人米仏の所業を黙看し何が反核だ、財政赤字やグリーンカード等公約は放棄し、侵略訂正汲々の姿勢がそもそも問題だと、止まるところがない。

しかし果てしなき空しい議論とは別に、あれほど盛況を誇った子どもの本が、しだいに低迷しはじめ、第二次石油ショック以降はっきりと低下した事実を知らなければならない。

読者としての子どもの絶対数が減少したことを理由としたり、不況売上げ低下をその一因とする向きもあるが、ムックやマンガ類は伸張しているのだから、言いわけでしかない。はっきり述べるなら、私が前記でほめたたえた日本の母親が、買わなくなったのである。

一般の子どもの本への熱がうすくなるなかで、通常なら比例してかがくの本や科学書類が低下するはずなのに、一種不思議な現象を示している。ある部分では低下しているがある部分ではほとんど不変である。その差は強いて求めれば、良書が低迷し、授業や学習対応形や知識圧縮形や集約本が持続しているという一つの分析がある。

このことの背後にははっきりと、子どもや本にたいする親の意向と金銭感覚がうかびあがってくる。経済成長期には、その光にかくれていたけれど、子どもや科学よみものの死命を握っているのは、大人であるということを、この不況期は副産物としてはっきりさせてくれたのである。

大人は何を望むのか

その大人や親はいったい子どもをどうしたいのだろうか。子どもをかしこくするのが生きがいとか、子どものためなら財産をなげうってもよいという人もいるし、「最愛のわが子」といわれる方もいる。

しかしすでに医学や教育学は、育児や成長の基本をすべて明らかにしてしまった。たんに空虚なカケ声や主観的愛情をからまわりさせるのではなく、その愛情を行動とし、人間らしく発露するなかに各家庭に応じた、子どもの個性的な保育成長が確保されるにかかわらず、世界で類のない九十数%の虫歯率を有する6歳児が現実にいるのである。5年前は飽和とおもわれる98%を示したが、識者の運動によって砂糖の害を知ると、こんどはスナック菓子を子どもに与えた。大人のビールのつまみである。大人でさえつまむほどなのを、袋ごと食べていて、その塩分がどう作用するのかに配慮しない。問題が起こるとそれじゃおやつに何を食べさせればいいのかと開きなおる。医者や歯科医を詰問する前に、どう子どもをしたいのか知りたくなる。

「最愛の子」といいながら、その枕もとでタバコの煙をふきかける親があとをたたない。「タバコのつぎに可愛い」のが実情で、もっとうがっていえば、タバコのすきなわが身の、つぎのつぎの第三番目だから、他の事項は恐るべきものだろう。

生命に、成長に、直結する事項すらこの程度なのだから、いつくしみだとか、美しいものへのあこがれとか、正しいことへの熱情とか、隣人への愛情とか、障害者への理解とかは期待する方が無理である。

だから不況になれば子どもの本などバッサリと切り、役に立たぬかがくの本より、学業に資すると覚しきものを買ってやるのは大変な英断と感謝すべきなのかも知れない。

その程度の理解と期待しか実行動では示されないのだから、むやみな先走りは有難迷惑なので、心してとりくまねばなるまい。一番本を読んでいないのが親なのだから、実践もできずカケ声なのも当然である。

そんなことはないと眦《まなじり》を決して、怒る親を待つ。言い訳やグチではなく、具体的行動、明確な行為として筆者を完膚なきまでに反撃していただくことを待つ。余命いくばくもないが、何年でも待つ。

かこ作品の言葉 ⑤

たくさんある元素だけが役立つだけではなく、ごく少ししかない元素も、とてもだいじな役目と働きをしていることが、わかってきました。
げんきな人も、めだたない子も、めぐまれない国の人も、みなそれぞれ、だいじな役目と力をもって生きているのに、それはとてもよくにています。

（『なかよしいじわる元素の学校』偕成社）

6章

マップラバーの読書と
マップヘイターの読書

福岡伸一

福岡ハカセによれば、世の中には、2種類の人間がいます。

地図を作るように世界を認識していく「マップラバー」。

地図などなくても世界のことは知り得ると考える「マップヘイター」。

目的地にたどり着くために、必ず地図を広げる人はマップラバー。

一方のマップヘイターは、知らない土地に立ったとしても日ざしから方位を認識したりして、周囲との関係性をもとに自分の進むべき方向を判断できる人です。


その傾向は、本の好みにも表れるそうです。

かこ作品の魅力

かこさとしさんは、典型的なマップラバーだと思います。マップラバーとは、この世界の成り立ちを鳥瞰的に捉え、それを整理し、端から端まで、最初から終わりまで、きちんと網羅し尽くしたい、という切実な気持ちです。一種のオタク性ともいえます。私もマップラバーなのでよくわかるのです。

「たかい　やまに　つもった　ゆきが　とけて　ながれます。やまに　ふった　あめもながれます。みんな　あつまってきて　ちいさい　ながれを　つくります」

「はじめに」でも触れたように、かこさんの『かわ』という絵本を読んだのは、小学校の低学年でした。

私は昆虫少年、つまりはある種のオタク的人間として、世界の成り立ちを知ることに強いこだわりをもっていました。目の前に美しいものがあれば、その美しさのもとを探りたい。川ならばそれをさかのぼり、源流の湧きいづるところを見極めたい。そしてもちろん、それがどのような過程を経て姿を変え、最後にどうなるのかということも。この場合、すべてのプロセスは公平に眺められなければなりません。そうして初めて本当の世界に近づけるのです。

マップラバーは、このような世界の描き方を好むのです。

1960年代から多くの絵本を世に出してきたかこさんは、『だるまちゃんとてんぐちゃん』(福音館書店)などのユーモラスな作品でも知られます。けれど、私がもう1冊、夢中になって読んだのは、やはり科学を扱った『宇宙』でした。

ストーリーの初めに登場するのは体長わずか1、2ミリメートルのノミです。ノミは自分の体の100倍も高く、150倍も遠くへ飛ぶことができます。もし人間に同じくらい飛ぶ力があったなら、大きなビルもひとっ飛びに飛び越せますね、というところから、気の遠くなるような距離を一気に駆け抜ける不思議な世界が展開します。ネズミ、ウサギ、ウマ、ワシ、クジラ、恐竜、人間。様々な動物が走り、泳ぎ、飛ぶときの速度や高度がグラフの中に描き出され、まさに図鑑のように、同じ縮尺の中に並べて比較されます。それはたちまち世界中の建物の高さ比べ、あらゆる乗り物——とりわけ飛行機の——速さ比べとなり、やがて視点は空高く舞い上がり、地球を離れて宇宙へ向かいます。地球から20万キロメートルのところで回転する衛星、1光年の距離に浮かぶ宇宙基地。太陽系、銀河系、ついには全宇宙を見渡す150億光年の彼方までズームアウトしていきます。

一匹のノミから宇宙の果てまで。図鑑がフラットなグリッド（格子）の中に世界を整理するものだとすれば、『宇宙』は距離というスケールによってミクロからマクロの世界を串刺しにし、この宇宙の構造を隙間なく描き出してみせます。私たちはそれによって、この世界が入《い》れ子《こ》構造になっていることを知るのです。実際、地球が太陽のまわりを回るように、ミクロな原子核のまわりには電子が回っています。世界はいくつもの相似形で覆われているのです。

私は『世界は分けてもわからない』（講談社現代新書）という本の中で、「パワーズ・オブ・テン」という映像について書きました。それはチャールズ・イームズとレイ・イームズという二人のアメリカ人デザイナーが1977年に完成させた作品で、芝生に寝転んで日向《ひなた》ぼっこをするカップルの場面から始まります。カメラはそこからどんどんズームアウトし、家、街、都市圏、国、大陸、地球、太陽系、銀河系へ。そして一転して下降を始め、カップルの寝転ぶ姿も通り越して、体内の臓器、細胞、細胞小器官、遺伝子、分子、原子にまでズームインしていきます。原子核のまわりには、恒星のまわりを回る惑星のように、さらに小さな電子が回転しています。

本書の2章に掲載したように、一度、かこさんのアトリエにお邪魔し、お話ししたことがあります。そこで、かこさんの『宇宙』や『小さな小さなせかい』の話題になりました。私は、1970年代のイームズの映像作品「パワーズ・オブ・テン」に見られるマップラバー的な傾向について、似ていますよね、という風に語りました。イームズ作品では、原子から銀河系まで、カメラが階層的にズームイン・ズームアウトして捉えていきます。すると、かこさんは胸を張っておっしゃいました。「いや、私の『小さな小さなせかい』は、原子よりも小さいニュートリノのレベルまでいっています」。

かこさんは、おちゃめで、ちょっと勝ち気な、素敵なマップラバーです。

原点となった一冊

さて、私自身は昆虫が大好きな虫オタク、内向的な少年でした。外に出かけるのは友達と遊ぶためというより、ひとりで昆虫採集に熱中するため。家に戻れば本を読むのに夢中です。図書館も大好きでよく通っていて、そこで少年時代の私に衝撃を与えた一冊の本に出会いました。それが『原色図鑑　世界の蝶』（北隆館）です。

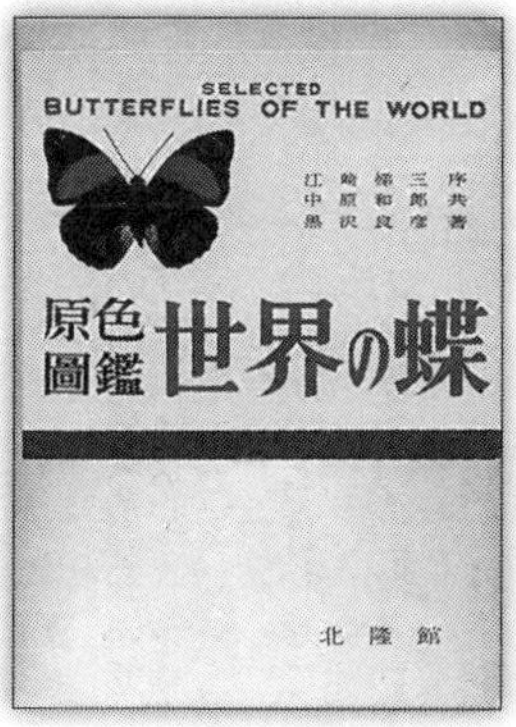

『原色図鑑　世界の蝶』

ある日、図書館の参考文献室に何気なく入ってみると、「禁帯出」の赤いシールを背に貼ったその本が目に留まりました。なぜか呼ばれているような気がして手に取ると、すぐに膝が震えるような衝撃が私を襲いました。表紙をめくって現れたのは、青い翅を広げる「アレキサンドラトリバネアゲハ」の、それは美しいカラー写真でした。ページをめくるごとに世界各地の蝶が原色原寸大で次々と現れます。驚くべき書物との運命的な出会いでした。

インターネットもコンピュータもまだなかった時代です。世界にどんな蝶がいるのか断片的な知識しか持ち合わせていなかった私にとって、この本の情報はまさに宝物でした。世界中の蝶が枚挙されているという事実への圧倒的な驚き。くまなく網羅的に知りたいという、マップラバーとしての夢が初めて叶えられたのです。本というものがいかにしてこの世界を表すのかを、このとき私は初めて知りました。あらゆる蝶が等間隔に整然と並べられています。自然の事物が、公平にグリッド上に整理されているのです。図鑑をめくりながら私は秩序を知り、陶酔さえ覚えたのでした。

図書館に通う日々が続くと、どうしても自分の手元に置きたくなります。しかし、本屋で探しても『世界の蝶』は見つかりません。私は、思いあまって著者の黒沢良彦先生に手紙を書きました。「この本をぜひとも入手したいのですが、どうすればいいですか」。するとすぐに返事がきました。「残念ながら絶版ですので、古本屋で探していただくしかありません」。

私は初めて古本屋というものを知り、神保町を歩くようになりました。この行動も地図作りです。そのうち、店ごとに得意分野や特色があることがわかってきて、自然科学系の書物が揃う店を重点的に回るようになりました。ある日、探し求めた『世界の蝶』が棚の上のほうに置いてあるのをついに見つけました。喜び勇んで手に取ってみると、なんと4万円の値がつけられているではありませんか。定価が6000円ですから、7倍近い価格です。プレミアがついていたんですね。小学3年生の私には、とても手が出ません。お年玉をかき集めても足りませんから、泣く泣く諦めました。『世界の蝶』への思いは消えず、大人になってから、ようやく古書店で手に入れることができました。そのときの価格は2万5000円。子どものころより値下がりしていたのには、複雑な気分でした。

『世界の蝶』にはほかにも大切な思い出があります。小学校5年生ごろのことです。私は丸く緑色に光る不思議な虫を家の近くで見つけました。昆虫図鑑に載っている虫はすべて暗記していましたから、見たことのない姿の虫を見て「とうとう自分も新種を発見した」と胸躍らせました。学名には「ナントカカントカ・フクオカ」という名前をぜひつけたい。でもどうしたらいいんだろう、と思った私は、虫を連れて国立科学博物館へ向かいました。受付の女性は親切にも「専門の先生がいるから、見ていただきましょう」と言って、昆虫博士の研究室へ案内してくれました。

「ふむふむ。この虫はどういう状況で採ったんですか？ 昆虫というのは、採集したときの様子もとても大事なんです」と昆虫博士。小学生が持ってきた小さな虫を真剣に見てくれました。「台風で倒れた木の梢にとまっていたのを捕まえました」と説明すると、「ああそうですか、なるほど」と博士は頷きつつ、「これは、ありふれたカメムシの幼生です」とおっしゃいました。カメムシの幼生は脱皮しながら色や形を変えるので、わからなかったのです。

新種発見の夢は脆くもついえてしまいましたが、この日、私は貴重な新しい発見をしました。それは「昆虫を研究して生活している人がこの世界にはいるのだ」という発見です。しかも、このときはまだ気づいてはいなかったのですが、この昆虫博士こそ、『世界の蝶』の著者で、手紙をくださったあの黒沢先生だったのです。昆虫標本だらけの黒沢先生の研究室で、「将来、自分もこんなふうになりたい」と少年だった私は強く思ったのでした。知らなかった世界を知り、新しい人生の地図を作り始めた瞬間です。蓋を開けてみると、私は昆虫学ではなく分子生物学の道に進んでいましたが、黒沢先生に出会った小学生のころ、確かに私はマップラバーとしての人生を歩き始めていたのです。

さて、マップラバーの少年ならではの忘れがたい読書体験を、もうひとつご紹介しましょう。『エルマーのぼうけん』（福音館書店）は、竜を助けに旅に出る少年の物語です。表紙を開くと、カラフルな絵地図が目に飛び込んできます。主人公の経験をワクワクして追うのですが、この地図を確認しながら読み進めると、冒険がより面白く想像できました。フィクションを読むにしても、地図のある物語が特に好きだったのです。

『エルマーのぼうけん』

遺伝子の全体地図を作る

昆虫少年の時代が過ぎると、私は生物学に興味を持つようになりました。生物学とは「生命とは何か」を問う学問です。「生命とは細胞からなるものである」とか、「生命とはＤＮＡを備えたものである」というふうに、属性や特徴を列挙して生命を語る方法があります。確かにそれでも生命の一端は説明できるかもしれません。しかし、生命の本質を説明することは、この方法ではできません。

生命の本質とは何かを根源的に問うたのが、エルヴィン・シュレーディンガーの『生命とは何か』（岩波文庫）です。シュレーディンガーは、アインシュタインと並んで20世紀初頭の理論物理学を築いた天才で、１９３３年にノーベル物理学賞を受賞しています。講演集である同書の中で、シュレーディンガーは二つの大事な問いかけを行っています。ひとつは「遺伝子とはどんなものか」、もうひとつは「生命が秩序を維持するのはなぜか」ということ。私にとって、後者の問いかけは特に大きな意味を持っていました。宇宙に存在するあらゆる物質は、物理法則にのっとって、ことごとく崩壊の道をたどります。しかし、生命だけは、崩壊を免れて秩序を保ち続けている。それは一体なぜなのか。シュレーディンガーは、この謎に答えることこそが、生命の謎を解明することであると述べています。この指摘に触発されて、私の中で次第に「生命の動的平衡」という概念が熟していったのです。

分子生物学者になってから、私は遺伝子をひとつひとつ枚挙していく究極のマップラバーとなりました。遺伝子地図を作るということは生命を解き明かすことだと、はじめ私は思っていました。しかし、遺伝子の全体地図を作るという遠大な作業を通して私が知ったことは、「たとえ地図ができても、生命のあり方は解明できない」ということでした。なぜならば、生命はマップヘイターとしてふるまっているからです。このことに気づいたころから、私の考え方は徐々に変わっていきます。少年時

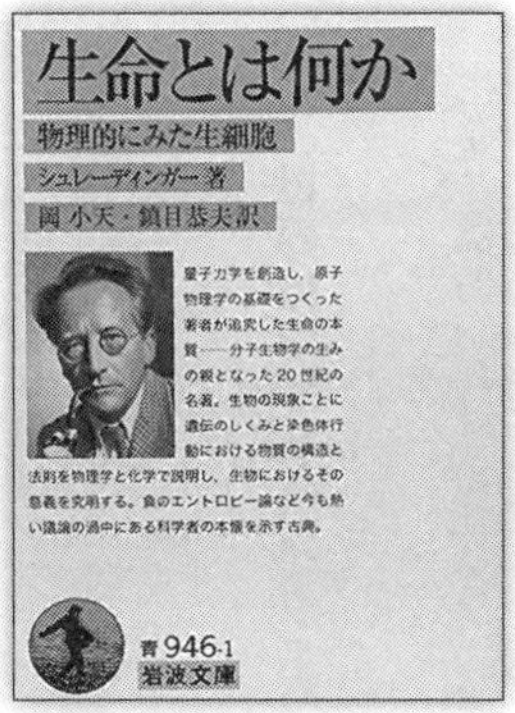

『生命とは何か』

代以来、筋金入りのマップラバーだった私は、マップヘイターへと転向していったのです。

世界はマップヘイター

生命とは何か。生物学者として私はそれを考えてきました。ある生命の全体を見ると、いかにも設計的にできているように見えます。しかし、細胞のひとつひとつに着眼してみると、細胞は体の全体像なんてまったく知りません。地図を持ち、自分は体のこの辺にいる、と役割を自覚している細胞などないのです。細胞は、前後左右上下の様子だけを知りながら、それでいて全体のひとつとしてそこにいる。たとえるなら、ジグソーパズルのピースのようなものです。ひとつひとつのピースは全体のことなど気にしません。単純に、隣り合わせになっているピースとの相互作用だけが成り立てば、全体が成り立ちます。

細胞ひとつひとつは、究極のマップヘイターです。全体を気にしないマップヘイターとして細胞は行動しながら、全体としてはうまく調和がとれる。なるほど、生命とはこのようにできているのか、と気づいた私は、生物学者であるかたわら「動的平衡」をキーワードに本を書くようになりました。

私は、人生の大半をマップラバーとして過ごし、昆虫を追いかけ、地図を愛し、小説を読み、遺伝子を調べてきました。そしてその挙句に、世界はマップヘイターとしてあるのだということにようやく気がついた、というわけなのです。マップラバーは、ちょうど昆虫図鑑のように、世界をグリッドの上に並べて整理し、把握しようとします。しかしこの方法はずいぶん恣意的ですし、人工的です。世界をどこまで細かく切り取って分類しても、全体を知ることはできません。本当の世界は絶えず揺れ動き、一瞬たりとも同じ姿でいることはないからです。ですから、人間の手で作った地図では、ありのままの世界を表現することはできないのです。

マップヘイターに変化すると、読みたい小説も変わってきました。それまでは丁寧に張られた伏線を回収して解決に至る緻密な推理小説などを好んでいました。それが打って変わって、構築的でない小説や、行き先の見えないエッセイ、マップヘイター的なあ

『地図のない道』

り方を教えてくれる物語の良さがわかるようになったのです。たとえば、須賀敦子の『地図のない道』（新潮文庫）は、タイトルそのものが象徴的です。道には地図はなく、そのときどきの関係性でものごとはつながれていく、ということ。地図を捨て、枚挙や整理をやめてみれば、世界をありのままに見つめられるかもしれない。互いにつながり合い、影響を与え合い、常に変化し続ける動的な世界のありようを見てみよう。そんなふうに私は思い始めていました。マップヘイターとしての私は、これからも新たに触れるものごとの価値を発見していくに違いありません。

このように私はマップヘイターのように自由になりたいと思っていますが、確認しておかなければならないのは人間の世界認識の仕方の基本はマップラバーだということです。そうでなければ学ぶことができないし、知識も統合できません。

その点、マップラバーとして一瞬たりとも揺らぐことなく、進んでおられるかこさんにはあらためて敬意を表したいと思います。

かこ作品の言葉⑥

ははは　はっはっはっはっは
あはは　あっはっはっはっは
みんな　おもしろそうに笑っています。
ははは　はっはっはっ
あははは
わっはっはっ
おや？
誰か一人だけ泣いていますね。
みんなが笑っているのにどうして泣いているんでしょう？

（『ははははのはなし』福音館書店）

7章

好奇心を育む
ブックガイド

かこさとし

＋

福岡伸一

Ⅰ　福岡ハカセのおすすめしたい10冊

＊かこ作品は文中参照

1
『地底探検』 ジュール・ベルヌ（岩崎書店）

ベルヌは少年の心を摑む仕掛けを実によく心得ています。地下に広がる広大な海。巨大な恐竜との熾烈な戦い。骨で埋め尽くされた平原。生死の境をさまよいながら、地下世界奥深くへ進みます。

2
『ビーグル号航海記』 チャールズ・ダーウィン（岩波文庫）

若き日のダーウィンが進化論の着想を得た画期的な旅の記録。ガラパゴス諸島が有名ですが、さらにニュージーランド、タスマニア、モーリシャスと冒険の旅が続きます。

3『さよならトンボ』石亀泰郎（文化出版局）
圧巻は表紙の一枚の写真です。冬の朝、枯れ草に連なってとまるガラス細工のようなトンボたち。凍てついて息絶えたトンボがこれほど美しいのは、その運命をまっすぐに受け入れているからです。

4『はるにれ』姉崎一馬（福音館書店）
生命の循環がテーマです。北海道の原野にたった一本だけ立つはるにれの木。厳しい冬を耐え、春先いっせいに芽吹く緑の美しさは生命の力強さそのものです。

5『センス・オブ・ワンダー』レイチェル・カーソン（新潮社）
この本はカーソンの遺作です。同時にカーソンの出発点がここにあります。センス・オブ・ワンダーとは「神秘さや不思議さに目を見はる感性」。それは自然の美しさに触れる喜びであり、長い困難と孤独に耐える力を与えてくれます。

6『**ドリトル先生航海記**』ヒュー・ロフティング（新潮社）

ドリトル先生はとてもフェアな人です。たくさんの動物たちと一緒に暮らしながら、ドリトル先生の好物はスペアリブとソーセージです。そこには豚がかわいそうだから食べない、といった単純な図式はありません。偽善でない真の公平さ、それがドリトル先生の持ち味です。ドリトル先生シリーズの他の本もおすすめです。

7『**エルマーのぼうけん**』ルース・S・ガネット（福音館書店）

冷たい雨の中、エルマー少年は年取ったノラ猫と出会います。猫から動物島に捕らえられた竜の子どもの話を聞きます。こうしてエルマー少年のスリリングな冒険の旅が始まります。続巻もとても楽しく、絵も魅力的。

8『**原色図鑑　世界の蝶**』中原和郎、黒沢良彦（北隆館）

原寸大のフルカラーで世界の蝶が網羅されています。昭和33年出版。図書館の参考図書室で偶然この本と出会い、以来この本の美しい蝶たちにくぎ付けになりました。

9　**『よるのおきゃくさま』**加藤幸子著、堀川理万子画（福音館書店）

田舎のおばあちゃんの家に遊びに行くと、夜にお客様がくるよと教えられる。日が暮れて待っているとガラスに色とりどりの虫たちが遊びに来た。虫たちをおなか側から観察することのすばらしさ。見つめる女の子の心には紛れも無くセンス・オブ・ワンダーがあふれています。私の大好きな絵本です。

10　**『せいめいのれきし』**バージニア・リー・バートン（岩波書店）

生命が誕生する以前から現代にいたるまでの地球の歴史を、一大舞台劇に仕立てて描き出した美しい本。太古の海に生まれた生命は徐々に複雑なものに変化し、陸上へ進出してきます。私はこの本ではじめて生命のことに興味をもちました。この本の一番重要なメッセージは、いかに長い時間をかけて、生命が今、この瞬間まで連綿とたえず引き継がれてきたか、その奇跡へのリスペクトです。絵本としてのデザインも秀逸です。

II かこさん自薦 かがくの本30冊

＊紹介文は福井県作成

1
『かわ』（福音館書店）
川が山の奥で誕生し、山間を下り、海に至るまでの様子が細かく描かれ、子どもにもよく理解できる。

2
『あなたのおへそ』（童心社）
おへそってなんだろう？ おなかの飾りかな？ どうしてみんなに一つあるの？ おへその役目と母から子へ受け継がれる生命の素晴らしさを愉快に温かく伝える。

3
『たべもののたび』（童心社）
ご飯やお菓子は体内のどこを通ってどうなるのか？ 絵本を通じて、正しい知識と食べることの大切さを子どもたちに伝える。

4『**むしばミュータンスのぼうけん**』（童心社）

この本ほど虫歯が怖くなる本はない。歯が痛いだけでなく、心も体もむしばんでいく恐怖。ミュータンスと一緒に恐くてすごい大冒険。

5『**あか しろ あおいち**』（童心社）

赤血球や動脈・静脈など血の性質や血と食物・運動との関係などを優しく解説している。

6『**はしれますか とべますか**』（童心社）

歩く仕組みと上手な歩き方、走る仕組みと上手に走るコツ・アドバイスを丁寧に解説してある。

7『てと　てと　ゆびと』（童心社）

人間だけに与えられた手と指がある。どうして進化したのかもわかりやすく伝えている。手を動かしながら、考える、工夫する、思案する。大人以上に手を動かすことが、子どもには大切。

8『あがりめ　さがりめ　だいじなめ』（童心社）

日常生活で目を大切にしないといけない理由を目の大きさや違い、目の仕組みを通してわかりやすく知ることができる。

9『ほねは　おれます　くだけます』（童心社）

骨と食物の関係。人間の骨の形や仕組みを描き、正しい姿勢がいかに大事かを解説する。骨に関する知識が豊富になり、理科が大好きになる本。

10『すって　はいて　よいくうき』（童心社）

肺と心臓、そして血液という人間の体の大切な関係を科学的に説明。地球環境の大切さを感じることもできる。

11『**わたしののうと　あなたのこころ**』（童心社）

人間にとって最も大切な脳の役割と仕組みを解説し、正しい環境が美しい情緒を育てることを述べる。

12『**まさかりどんが　さあたいへん**』（小峰書店）

道具によっていろんな物が作り出されていく面白さ。仕組みもわかりやすい。

13『**だいこんだんめん　れんこんざんねん**』（福音館書店）

「中がどうなっているか知りたい」という気持ちは誰にもあるもの。果物から建物、地球まで切ることによって表れる新鮮な視点の広がりが楽しめる。

14『おおきいちょうちん　ちいさいちょうちん』（福音館書店）
絵を見ながら反対言葉がわかる。絵から何を意味するか、読み取るのが楽しい。いろんな知識が楽しく学べる。

15『どうぐ』（瑞雲舎）
子どもの身の周りにあるいろいろな物質を取り上げ、その違いを探る。

16『あなたのいえ　わたしのいえ』（福音館書店）
家ってなあに？　子どもの質問に、いろんな要素からなる家の機能を順を追ってわかりやすく解説している。

17『はははのはなし』（福音館書店）
歯を丈夫にし、守る方法を教えてくれる。

18
『だむのおじさんたち』（福音館書店）
みんなのために働く人の力強さが伝わる。

19
『ぼくのいまいるところ』（童心社）
小さな自分のいる場所から、だんだん宇宙へ広がっていく。

20
『かわいい　あかちゃん』（童心社）
お母さんから生まれるもの、卵から生まれるものなど生き物のいろんな違いがわかる。

21
『たねから　めがでて』（童心社）
草木の成長や繁殖の道筋を説きながら植物の根本原理をわかりやすく語っている。

22 **『あるくやま うごくやま』**（童心社）

大地の大きさ、強さ、その不思議さをマンガタッチで楽しくわかりやすく解き明かす。山は雨や気候によって自然に姿を変え、常に変化しているという内容が面白い。

23 **『あまいみず からいみず』**（童心社）

子どもにわかりやすく科学の原理を教えてくれる本。「かこ・さとし かがくの本」シリーズの1冊。科学的思考を身につけて欲しいという思いが伝わる。

24 **『ひかりとおとの かけくらべ』**（童心社）

音と光の違い、離れ離れの中にも共通性があること。互いの特徴が何かがわかりおもしろい。

25 **『なんだか ぼくには わかったぞ』**（童心社）

いろんな物質・性質の違いを探っていく。

26

『よわいかみ　つよいかたち』（童心社）

葉書を切ったり、折ったりして弱い紙でも形を工夫すると強くなる力学の原理を教える。1枚の葉書でいろんな実験をする。

27

『よこにきった　まるいごちそう』（童心社）

大根やゆで卵を通して、立体と平面の交差を解き明かすやさしい科学の本。いろんな野菜や果物を横に切ったり、縦に切ったりしてその切り口の形を考える。

28

『うみはおおきい　うみはすごい』（農文協）

陸の2倍も広い海は、地球で最初に生物が生まれ、人々にも身近な場所。幼児には難しい内容だが、興味をもつ。

29
『せかいあちこち　ちきゅうたんけん』（農文協）

絵の中で、地球を旅して、自然や地形の変化を感じる。幼児には難しい内容だが、楽しく世界の状況を理解できる。

30
『ちえのあつまり　くふうのちから』（童心社）

人間の知恵やたゆまぬ努力で今日に至っていることがうまく表現されている。幼児には難しい内容だが、大人がうまく説明しながら読んであげたい。

かこ作品の言葉 ⑦

海！
川は　とうとう　海へ流れ出ました。
広い広い海。深い深い海。
大きい大きい海。
どこまでもどこまでも水の続く海。
海を越えて行こう。広い世界へ――

（『かわ』福音館書店）

おわりに

子どもたちへのメッセージ

かこさとし

●自分で自分を鍛えてください

大人にあまり頼らず、大人の人の様子をよく観察して、「ああ、これはいただきだ！これは僕のお手本になるぞ！　こういう大人のあれはあんまり良くないいな」とそういう批判の目をちゃんと持ちながら、自分で自分を鍛えてください。

●自分で磨き上げて

これから未来に生きる子どもさんたちは、いろいろなことがおこる未来を開いてゆく力を備えて。もっと良い世界を作っていくやくめがあります。

そのためには、科学だとか、学問を身につけて欲しい。そして、その身につけたものを、自分で磨き上げて、さらに開いて突き進んでいく。そういう賢い子になっていただきたい。

●自分の心と体が健やかになるように

もう一つは、自分の癖、自分の体の能力、そういうものにあったやり方を、自分で判断して、その自分にあったやり方やいろいろな方法で、自分の心と体が健やかになるように、ぜひ努力していただきたい。

このことを申し上げて、これからの世界をもっと良くするように頑張って欲しいと思います。

初出一覧

はじめに
書き下ろし（一部は『福岡ハカセの本棚』メディアファクトリー新書をもとに加筆修正）

１章
かこさとし「88歳、戦争の『死に残り』の僕が世界の端っこにぽつんとにいる子どもさんに伝えたいこと」『婦人公論』2014年９月22日号（構成・山田真理）

２章
「金とく　北陸スペシャル　好奇心は無限大！～絵本作家からのメッセージ」（NHK総合、2010年12月17日放送）をもとに一部再構成

３章
書き下ろし（一部は福岡伸一「ハカセと一問一答『文系なのでわかりません』は通らない」『中央公論』2014年10月号をもとに加筆修正）

４章
かこさとし「科学絵本作家かこさとしさんのプラン 寄り道が肝心 食材に徹底的にこだわってみよう」『食農教育』（現『のらのら』）2000年５月号

５章
かこさとし「子どもたちと科学よみもの」『教育』1982年12月号

６章
『福岡ハカセの本棚』メディアファクトリー新書、および福岡伸一「世界を歩くための書棚：マップラバーからマップヘイターへ」『Kotoba』2013年春号（構成・濱野千尋）をもとに加筆修正

７章
Ⅰは書き下ろし、Ⅱは福井県ホームページ

おわりに
福井県ホームページ

写真（31、39頁）■藤谷清美
本文DTP■市川真樹子

Chuko Shinsho
La Clef
中公新書ラクレ 551

ちっちゃな科学《かがく》
好奇心《こうきしん》がおおきくなる読書《どくしょ》& 教育論《きょういくろん》

2016年4月10日発行

著者　かこさとし + 福岡伸一《ふくおかしんいち》

発行者　大橋善光
発行所　中央公論新社
〒100-8152 東京都千代田区大手町 1-7-1
電話　販売　03-5299-1730
　　　編集　03-5299-1870
URL http://www.chuko.co.jp/

本文印刷　三晃印刷
カバー印刷　大熊整美堂
製本　小泉製本

Published by CHUOKORON-SHINSHA, INC.
Printed in Japan　ISBN978-4-12-150551-4　C1237

定価はカバーに表示してあります。落丁本・乱丁本はお手数ですが小社販売部宛にお送りください。送料小社負担にてお取り替えいたします。

中公新書ラクレ刊行のことば

世界と日本は大きな地殻変動の中で21世紀を迎えました。時代や社会はどう移り変わるのか。人はどう思索し、行動するのか。答えが容易に見つからない問いは増えるばかりです。1962年、中公新書創刊にあたって、わたしたちは「事実のみの持つ無条件の説得力を発揮させること」を自らに課しました。今わたしたちは、中公新書の新しいシリーズ「中公新書ラクレ」において、この原点を再確認するとともに、時代が直面している課題に正面から答えます。「中公新書ラクレ」は小社が19世紀、20世紀という二つの世紀をまたいで培ってきた本づくりの伝統を基盤に、多様なジャーナリズムの手法と精神を触媒にして、より逞しい知を導く「鍵《ラ・クレ》」となるべく努力します。

2001年３月